運動の時代

戦後日本を読みかえる

2

坪井秀人 編

臨川書店

序言

坪井秀人

〈戦後〉という時代概念はもはや無効である。こうした声がもうすでにかなり以前から、日本研究に関わる人文学、とりわけ歴史学などから盛んに言われるようになってきた。〈戦後〉と日本語が指示するものは、日本という国・地域にしか当てはまらない、一国主義的で特殊な時代区分・概念でしかない。このことを認めるならば、〈戦後〉の有効性に対するこの問い直しには一定の説得力がある。隣国の韓国を例に取れば、そこに住まう人々はなお韓国戦争（朝鮮戦争）の休戦状態にあり、〈戦後〉ではなく〈戦時〉にあると言う方が正確であろう。その朝鮮半島における〈戦時〉を代償として日本の〈戦後〉も成立していることを考えるならば、なおさらのことである。

日本にとっての〈戦後〉。それは韓国・朝鮮を含む東アジアの諸地域においては別の時間、すなわち〈解放後〉〈光復後〉その他の呼称で言われる別の時間と、非対称な形で対応し、時にはきびしい対立をもはらむだろう。〈戦後〉という時間について考える時、こうした東アジアにおける非対称性のことを無視するわけにはいかないのである。

しかし、その反面で、いわゆる構造改革以後の日本の政治のステージでは、新自由主義の風潮が強まることともあいまって、時々の政権によって、〈戦後〉という軛からの脱却とその超克が繰り返し声高に叫ばれてきたという経緯もある。七〇年以上の長きにわたって続いてきた日本の〈戦後〉は、いまやイデオロギーに関わりなく、ある種強制的な忘却の力学によって空洞化され、過去化されようともしている。

このようにして〈戦後〉は日本の内から外から、しかもそれぞれまったく違う力学のもとでその終末を迎えようとしているのかもしれない。しかし、このような現在だからこそ、〈戦後〉とはどのような時代だったのかを徹底的に検証し、考え直す時が来ているのではないだろうか。〈戦後〉という時間に殉じるがごとく、（皮肉なことに）衰弱の途を取らされ続けている人文学の知をここに集めて、臆することなく真っ向から〈戦後〉を読みかえることに挑んでみたい。

本叢書『戦後日本を読みかえる』が目指すのは、保守主義を中心に唱えられてきた〈戦後〉に対する挑戦に対峙し、〈挑戦〉する権利を私たちの側に奪い返すことである。安易に〈戦後〉が総決算され、そこから脱却されることに抗し、本当の意味で〈戦後〉を終わらせるための作業に就くこと。本叢書の評価はその作業に対する評価によって決しられるはずである。

＊　＊

叢書『戦後日本を読みかえる』の第二巻は「運動の時代」。戦後日本における社会運動というと、組合組織を拠点とした労働運動、住民運動、市民運動、学生運動など、きわめて多彩なかたちでその歴史がつくられた。これらの名称は運動の主体に由来するものだが、運動の目標からは反戦平和運動、環境保護（反公害）運動、女性解放運動、人権擁護運動などいくつもの分類が可能である。

しかし戦後の大きな社会運動を振り返ってみると、運動の主体も目標も一律に定義説明できる事例の方がむしろ少ないかも知れない。成田空港の建設を阻止すべく、主として一九六六年から一九七〇年代にかけて行われた三里塚闘争を例に取れば、三里塚芝山連合空港反対同盟を組織とする住民運動（開墾農地を収奪する空港建設に対する反対運動という意味では農民運動ともいえる）に新左翼セクトが参画していくという展開を取り、その時期によっても運動の主体は複層化し、また変化する。

また、社会運動の〈運動〉とは右の三里塚闘争がまさにそうであるように、その大半は〈闘争〉と言い換えることの出来る、国や自治体、企業などの権力に対する反対運動、抵抗運動としての性格を持ったものだ。その意味での戦後日本の〈運動〉は敗戦後間もなくから労働運動を中心に急速に高まり、戦後七十年以上を経た今日においても、反原発運動や特定秘密保護法反対運動そして安保法案反対運動などの形で継続されている。

だが、これは日本だけに限らないが、とりわけ二〇〇〇年代以降、左翼によって長く主導されてきた反権力としての運動＝闘争という一元的な〈運動〉の像は大きく揺らぎ始めている。というのも、世界的に新自由主義が跋扈する状況の中で、〈運動〉は実体として、左翼主体の反権力闘争や民主主義にもとづいて少数者の人権を擁護する運動のことだけを指す言葉ではなくなっていったからである。それらの運動に対抗する別のカウンター的な集団行動が〈運動〉の名前を横領し始めてきたのである。

ここで真っ先に思い浮かべられるのは、ヘイト・スピーチのことであろう。例えば在日韓国・朝鮮人の人々の〈在日特権〉を許さない「在日特権を許さない市民の会」（在特会）の〈運動〉、二〇〇〇年代末からの京都朝鮮第一初級学校が隣接する公園をグラウンドとして使用したことに対する抗議運動や外国人参政権反対運動等々、彼らの排外主義運動の手法には伝統的な右翼組織による〈街宣活動〉と通じるところもあるが、それまで労働団体や市民団体が行ってきたのと同様に、デモをかけて〈反日〉外国人（特に在日の人々）の排斥を呼号する運動を展開している。もちろんそのような〈運動〉に抗議する〈運動〉も立ち上がり、街頭では〈運動〉対〈運動〉という風景が度々見られるようになってきている。〈運動〉対〈権力〉という戦後的な構図とは異なった構図が定着しつつあるのだ。

〈運動〉対〈運動〉という対立軸は、二度の安保闘争を経ての〈革命〉の挫折以後、保守／革新という五十五年体制的な〈戦後〉の枠組みではもはや説明できない新しい政治状況が生じてきていることのあらわれの一つである。〈憲法改正〉をめぐる議論に示されてきたように、分断した世論のもとで〈運動〉と〈運動〉とがぶつかり合うこの状況は、権力を監視し、悪しき権力を打倒することに情熱を傾注してきた一元的な〈運動〉が〈革命〉幻想の喪失とともに色褪せてしまい、むしろ〈憲法〉や〈戦後民主主義〉を代替的〈権力〉として否定する別の〈運動〉によって〈革命〉もろとも乗っ取られつつある状況と言い換えることが出来るかも知れない。このことを私たちは戦後日本の〈運動〉史のなかでどのように捉えたらよいのだろうか。

二〇一六年六月に罰則を持たないいわゆるヘイトスピーチ対策法が施行されたものの、日本はアメリカ合衆国とともに世界の趨勢のなかではヘイトクライム対策に対しては緩い国であると言われる。政府閣僚や自治体の首長がかつての国家的戦争犯罪や植民地統治の罪を平然と否定したり、あり得ないような〈失言〉を繰り返すのがこの国の政治風土であることは、情けないことに確かなことなのだが、〈運動〉の主導権をめぐる変化は、もちろん日本だけに起きていることがらではない。

〈闘う民主主義〉（'Streitbare Demokratie'）を標榜するドイツでは、ホロコースト否認やハーケンクロイツ使用を含むネオナチの活動に対して法律によって罰則を伴う厳しい規制が行われている。とはいうものの、そのドイツにおいても極右政党「ドイツのための選択肢」（AfD）が選挙で躍進し、二〇一四年ドレスデンで発足した「西欧イスラム化に反対する愛国的欧州人」（PEGIDA）のような排外主義団体が街頭デモをかけて人を集める状況が出来しているのは、周知の通りである。

この「ペギーダ」に賛同する支部組織がドイツ各地に作られたが、ドレスデンに次ぐ規模を持つ動員を行ってきたのがライプツィヒの「レギーダ」（LEGIDA、「西欧イスラム化に反対するライプツィヒ」）。私は二〇一六年九月に出張用務でライプツィヒを訪れた際に、彼らのデモを見た。大量の警察が動員され、環状道路にパトカーをびっしり縦列駐車させてデモを封鎖するなど物々しい雰囲気だった割には、思いのほかに参加者の人数規模も大したことはなく、反「レギーダ」に集まった抗議デモの怒声の方がはるかに大きかった。ドイツ、ヨーロッパでは、〈運動〉対〈運動〉という構図がすでにかなり早くから日常的に見られるステージになっているのである。

とはいえ難民問題やイスラム・コミュニティとの融和という喫緊の課題に直面しているヨーロッパの市民生活においては、政治のこの右旋回は大きな緊張を孕んだ状況にある。「レギーダ」の人々が盛んに呼号していたのは〈自由〉（Freiheit）という言葉だった。〈革命〉と同様に〈自由〉をも排外主義者たちの〈運動〉は横領しようとしているのだ。もちろん、国境を開放したEUという共同体のもとで流入する難民を受け入れているヨーロッパ、そこでのネオリベラリズムと〈自由〉との関係を、日本の新自由主義の文脈にそのまま当てはめることは出来ない。にもかかわらず、貧富の格差を糾弾するネオリベラリストらの主張が新左翼の主張と奇妙に重なってしまう側面があることも含めて、日本の今日の状況と無関係ではあり得ない。対岸の火事とは言えないのだ。

私たちは、このような戦後の運動史を漂白してしまうような今日的状況を前にして、どのように思考を組み立てればよいのだろうか。本巻に収録されたいずれの論考も、戦後の様々な〈運動の時代〉に取り組みながら、今日、そして未来の〈運動〉のあり方にも関わるこの問いを内包しているはずである。そこでは敗戦期から高度経済成長期そして〈一九六八年〉という革命幻想が潰えさった一九八〇年代までに実践された、あるいは未遂に終わった〈運動〉に光が当てられるのだが、新自由主義以後の時代の無知にしてしかし狡猾な暴力に対抗するためには、過去の〈運動〉の単純な顕彰も否定も意味を成さないことが前提となる。それらの〈運動〉をいま呼び起こすことはノスタルジーの作業などではありうるはずがないのである。

過去の〈運動〉史を書き換えること。その意識は本巻所収の論考のすべてを貫くものだが、巻頭の島村輝の論考は戦後文化運動に陰に陽に（介入や連繋だけでなく、反発や抵抗の関係も含めて）影響を持ち続けた日本共産党の歴史記述のなかでは微妙な立ち位置に追いやられている、ひろし・ぬやま（西沢隆二）

の〈運動〉とその理念を再評価しようとしたものだ。一時期は共産党の文化政策ともなった〈ダンス至上主義〉という運動の方法論に関わる議論は、〈うたごえ運動〉などの評価とともに、運動の目的と方法とが本来截然と分離されるべきものでもなく、また（方法が目的に従属すべきという意味において）階層化されるべきものでもない、ということに気づかせる。

〈運動〉は理想の実現に向けて自己克己を求める場であるばかりではなく、そこに快楽というものが必ず付帯する。このことは今後の戦後運動の評価においても決定的な意味を持つだろう。松川事件の被告救援運動の過程で制作された幻灯から劇映画『松川事件』に至る種々の映像メディアを分析した鷲谷花の論考も、文化運動の現場で無数に創出された木版画やガリ版美術などの媒体とはまた異なった〈メロドラマ〉的な感情の表出を論じて、それが観衆の主体的な情動や欲望に訴えて対話する〈参加型メロドラマ〉であったと指摘している。これは一部の〈工作者〉によって仕掛けられ、多数の労働者たちがそれに巻きこまれて誘導されるというような既成の〈運動〉イメージを塗り替える試みの一つと言ってよい。

日本共産党と〈運動〉との関係は鈴木勝雄の論考においても最も主要な論点となる。一九五五年七月の共産党のいわゆる〈六全協〉における方針転換が左翼美術運動に与えた衝撃を、文化の脱政治化という視点において受け止め、それによって〈ルポルタージュ絵画〉の分野が、その概念そのものを変容させられていく過程が追跡されている。〈運動〉の脱落と芸術の自律性への転換が党の方針転換という他律的な要素によって生じていることは、その後今日までの〈運動〉においても反復されたものだけに、歴史的に検証されることの意義は深い。

川口隆行の論考は、〈シベリア抑留〉の経験者で帰国後は郷里の広島で被爆体験を視覚記録化することに尽力した画家・四国五郎がその〈抑留〉までの経験を帰還後に記憶の中からまとめ上げた私家版画文集『わが青春の記録』を発掘し、一人の抑留者の《思想＝運動》のすがたをステレオタイプ化された従来の〈民主運動〉の像から解き放とうとした仕事である。四国のこの姿勢を抑留者全体に一般化することはもちろん出来ないのだが、上からの強制か下からの意志か、政治か芸術かといった二項対立のパラダイムを克復しようとする意志は、上記の鈴木論考にも通じて、読者に新しい視界を用意するだろう。

〈運動〉は、芸術運動において鈴木論考が取り上げた集団制作が行われたように、集団性ということを基本とするかにも見える。しかし、その端緒はきわめて個人的な動機にもとづくことが少なくない。個人が自己の、あるいは家族の生存権や学習権などを守る、あるいは獲得するための〈運動〉はそれに当てはまる。橋本あゆみの論考は、作家大西巨人が一九七一年以降取り組んだ、長男の大西赤人を当事者とする浦和高校入学拒否問題に関わる運動を論じたもので、人権に関わる政治とはまさに個人的な地点に根源を持つものであることを再認識させる。とりわけその法廷闘争の過程で〈法感情〉という表現が浮上してくることに着目した視点は、鷲谷論考が焦点化した運動の情動的要素とも重なって重要である。

本巻巻末に置かれた張政傑の論考は、ちょうどそれから半世紀の時間が経過しようとしている〈運動〉の年、〈一九六八〉の記憶を喚起すべく書かれた『風のクロニクル』などの桐山襲の創作に光を当てたものである。張は桐山が〈全共闘作家〉の中では例外的に東アジアの視点を持ち得た点を評価する。このことは七十年以上に及ぶ日本の〈戦後〉の時間が冷戦構造によって長く支配されてきたことを明るみに出す試みに連動している。冷戦を支えてきた壁は歴史的には崩壊したが、無意識のうちに私たちはその幻像や痕跡に頼ろうとしてはいないだろうか。〈一九六八〉を再検証する作業も過去へのノスタルジーを拒否し、未来に備えるために行われなければならないのである。

目次

装幀・野田和浩

第1章　山村を揺るがした「ダンス至上主義」
——「静かなる山々」と戦後日本共産党の文化運動

島村　輝

西沢隆二　あるいは詩人・社会運動家「ひろし・ぬやま」

1　戦後「ダンス熱」と「静かなる山々」

戦後日本を席捲した「ダンス熱」

「――おれは一棟がいちばん封建的だと思うんだ。そうじゃないか。ダンスもやれぬやつは馬鹿か、反動分子だ――[1]」

これは徳永直の未完の長編小説「遥かなる山々」の主要登場人物の一人である古川二郎の発した一言である。後に詳説するように、この言葉は彼のもともとのキャラクターと現場の成り行きから、二郎が不用意に口にしたものなのではあるが、この発言が後に作品中ではちょっとした事件を引き起こすことになる。それにしても「ダンスもやれぬやつは馬鹿か、反動分子」とするような発想は、社会変革運動に携わっている、いないにかかわらず、今日の我々からは想像もつかないようなものであろう。またこのような発言が、労働組合の現場で重大問題として取り上げられ、議論されるというようなことも、やはり今日想定することが難しいのではないかと思われる。しかし、この物語内容の現在時である終戦直後、一九四〇年代後半のある時期には、当時の日本共産党の文化政策と、それに伴う組織方針を背景にして、こうした出来事が生々しいリアリティーを持つような、そうした世相が明らかに存在していたのである。

この「ダンス熱」は、もちろん日本共産党の文化政策によってのみもたらされたわけではない。長野県安曇野で地方自治や文化についての発信をしている吉田道昌によれば、幼かった彼の周辺でもこの「ダンス熱」は明らかにいきわたっていたという。

一九四五年に戦争が終わって、二、三年たったころ、ぼくの住んでいた南河内の田舎の町にも「社交ダンス」が入ってきていた。

お寺の前の民家の一階が改装されて、社交ダンス場になり、音楽がかかっている。のぞいてみたら、玄関入ったところの、六畳か八畳の部屋で、数組の若い男女のカップルが体をくっつけて踊っていた。子ども心に、なんだか変なもの、恥ずかしいものを見たという感情が湧いた。

小学校六年になると担任は北西先生だった。戦時中は鬼軍曹のように子どもたちから恐れられていた。子どもたちはファシストという言葉は知らなかったが、恐れの感覚はそれに似ていたように思う。北西先生は戦争が終わると一変した。怖いけれど、おもしろい先生になった。自由の雰囲気の中で社会風俗が急激に変化していく様子をおもしろおかしく子どもたちに話した。

「ダンスバッテン、やってるな。知ってるか？　男と女、くっついてるやろ」

ダンスパーティを北西先生はダンスバッテンと笑いながら言った。子どもらはケラケラ笑った。(2)

この「ダンス熱」が何を意味していたかについて、吉田は次のように述べている。

あの酷烈な破壊と困窮の日本で、社交ダンスを踊る人たちが、戦後すぐに田舎にも生まれていたということは、何を物語っているだろうか。

戦争が終わると同時に、劇的な変化が起こった。政党、労働者団体が動き出す、芸術家が創作を始める、スポーツが立ち上がる、登山家たちは山に登り始め、冬の北アルプスを縦走するパーティも出てきた。新しい教育の研究が始まる、科学者が新たな研究に没入する、混沌の中に澎湃として起こってきた自由のうねりだった。

戦争と死の暗雲が消え去り、自由は精神の解放をもたらした。焼け跡のバラック小屋に住みながらも、希望が生まれた。「ほしがりません、勝つまでは」と耐え忍ぶ戦時生活から解放されると、人は急激に変化し、その現われが田舎の町のダンスパーティだった。(3)

吉田がいうように、政治、文化、スポーツなどのあらゆる分野にわたる自由と解放の雰囲気が、ダンスパーティという活動に象徴的に表現されたのだという大筋は、今日議論の余地のないところであろう。さまざまな抑圧が解けたように見えたこの時期にあって、そうした国粋主義、軍国主義的抑圧の最たる対象だった社交ダンスが、国民大衆の間に広く普及する条件は、確かに存在していたと言える。国民大衆というばかりではない。先ごろ亡くなった三笠宮崇仁が日本ダンススポーツ連盟の総裁となり（一九八〇年)、社交ダンスの選手権大会を開催するにいたる(一九八一年〜)のは後年のことだが、彼が公務で訪れた北海道のダンスパーティでフォークダンスに出会ったのは一九四九年に遡り[4]、その後は「ダンスと名のつくものならほとんどやりました」と周囲に語るほどとなったのである。

しかしそれだけでもまた、「ダンス熱」がこれほどのブームを引き起こしたことの説明としては不足であろう。また、吉田が記すような「田舎」のどこにでも、この「ダンス熱」が抵抗なく受け入れられたというわけではなかったことも、考慮されなくてはならない。つまり冒頭に引いた二郎の科白が現れてくる背景には、アジア太平洋十五年戦争敗戦後の日本の状況についての歴史的に複雑な事情と、それと密接に関連する、合法化されて間もない当時の日本共産党の文化政策の路線と影響力が、具体的な工場や農村でどのようなものとして理解され、実践されていたのかという問題が控えているのである。

「ダンス至上主義」と「静かなる山々」

「ダンス至上主義」とも揶揄されるこの時期の日本共産党の文化政策と、その具体的な現れについて考えようとするとき、フィクションとはいいながら、「静かなる山々」は恰好の参照対象となると考えられる。

「静かなる山々」は、徳永直による未完の長編小説である。長野県諏訪に現存した東芝川岸工場の青年労働者たちの闘争に取材し、連合国(アメリカ)占領下での解放的気分と占領軍司令部の政策による抑圧、工場立地の封建的な人間関係のしがらみや、若い男女の恋愛模様などを絡めつつ、労働者たちの成長と、そこを通じての共産党組織の建設の過程が、ときに通俗小説的な描写を含めて展開されていく。

この小説は一九四九年一〇月一日より『アカハタ』紙上に連載され、翌五〇年四月三〇日に「前篇」（第一部）のみでいったん完結する（以後これを「本編（「第一部」）」と表記する）。後に出版された単行本の「あとがき」[5]によれば「作はその前半で、終局までいっていない。しばらくやすんで、さらに後半をつずける予定だったところ、一九五〇年六月、占領軍の命令によって『アカハタ』は停刊された」ということになる。続く第二部は一九五四年三月一日から同じく『アカハタ』に連載され、同年一二月一三日を以て、これもいったん完結となる。こちらも、連載後に刊行された単行本に付された「あとがき」では、徳永はさらに「川岸労組をふくむ東芝労連の大闘争が、最終的段階にはいる部分で、アメリカがもくろんだ朝鮮侵略戦争準備のための、日本国内における労働者弾圧、下山事件、三鷹事件、松川事件を背景とする時代」に材を取った第三部、さらには第四部までを構想しているとしていた。

「あとがき」に記されているように、この作品は全体としては未完である。「第二部」は本編（「第一部」）の構想と登場人物を引き継いでいるものの、その「上」と「下」では扱われている内容に大きな違いがあり、物語の展開の上で張られている伏線が解決しないままになっているなど、完成度という点では本編のまとまりには遠く及ばない。発表当時からソ連などに翻訳紹介され、同時代評を含む論評[6]もいくつか見られる本編とは異なり、今日にいたるまで文学作品としてまとまった評価の対象とはなってこなかったのも、ある程度納得がいく。書き上げられた部分の中で「ダンス熱」と日本共産党の文化政策について、男女の工場労働者たちの受け止めや立地である農村の人々の感じ方と対応などを軸に展開されるのはこの「第二部・上」の部分となる。本論文では主にこの「第二部・上」の内容を追いながら、必要に応じてその他の部分に示された時代背景や当時の中央、地方の政治状況、また登場人物たちそれぞれの生い立ち、性格などを参照しつつ、日本共産党の「ダンス至上主義」が、具体的にどのような熱意と抵抗とを伴いながら流通していったのか、それがどのように小説化されているかについて、考察を加えることとする。

2　青年労働者たちと「ダンス至上主義」

「ダンス熱」が吹き荒れるまで――「静かなる山々」本編（「第一部」）

「静かなる山々」の本編（「第一部」）は、一九四五年八月、「玉音放送」から数日後という、まさに「終戦」直後から語り起こされる。現存した東芝川岸工場は「東京電気川添工場」とされ、工場の建つ土地も「川添村」である。敗戦の混乱によって一度は閉鎖されていた工場が、一〇月下旬に再開されるまでの間に、川添村の農民たちが置かれている状況や現地出身の女工たちの身の上、工場上層部の画策と東京から配置転換されてやってきている男子工員たちの背景事情、さらに合法化された日本共産党の再建工作などが、簡潔に描かれていく。

徳永は本編「あとがき」[7]で「主題は、民間大経営として、終戦直後からもっとも長期間、断続した『東芝労連大闘争』の、重要な一環だった長野県諏訪郡『川岸工場』の闘争をモデルにしたもの」「ここの闘争では典型的な『地域闘争』が表現されているので、労働者と農民のていけい、良心的なインテリゲンチヤ、民族的な地方有力者とのていけい――独占資本、内外帝国主義のファッショ化との闘争を描こうとした」、さらに「個々には労働者の階級的自覚の過程、また封建的なくびかせにいるセンイ労働者が、近代工業労働者に変化していく過程、農村の封建制と、終戦直後の農村有力者たちの変化とその立直りなど、えがくつもり」だったと記しているが、これはよく本作の意図を語り得ているというべきであろう。

川添村と東電川添工場(8)をめぐる人物たちが一通り出そろったところで、本編のストーリーを展開する主軸となる者が登場する。この小説は多くの人物が登場し、場面場面で焦点化される者が入れ替わっていく群像劇といったような性質を持つが、少なくとも本論文が中心的に取り上げる「第二部・上」までの部分で物語を動かす動力となり、応援も心配も交えながらの読者の感情移入を最も促すキャラクターとして、冒頭の科白で紹介した古川二郎を、当面の「主人公」とみることもできるだろう。

敗戦によって軍隊から復員してきた二郎もまた、東京の大井工場から戦争中に配置転換されて川添にやってきた男工の一人である。東京に残して来た母親は、三月一〇日の東京大空襲で行方不明となり、おそらくは命を落としたものと思われる。川添工場が再開されてから一月半程たった一一月下旬、彼はふらりとこの工場に戻ってくる。

二郎には、やや無頼漢じみたような荒っぽさが残り、復員当初は天皇の戦争責任を論う同僚工員と口論するようなところがある反面、率直純情な態度言動には一種の愛嬌があって、女子工員たちの関心を一心に集めるという具合でもあった。また、工場の設けた「夜間青年学校」では、数学と語学を得意とし、首席で卒業したという能力も備えている。この本編では、戦後の共産党再建を背景にして、二郎とその恋人となる女工の山中初恵、東京時代からの二郎の友人である池辺信一と鳥沢レン、やはり見習工時代からの二郎の友人である大野木熊雄と山中キクという三組の若い男女が、工場長ら経営者側との駆け引きのなかで、古い因習的な考えの枠を打ち破り、共産青年同盟に加盟し、やがて共産党への入党というコースをたどっていくという大枠の筋立てとなっている。二郎、信一、熊雄の三人の入党によって「東電川添工場」に共産党の細胞が誕生し、彼ら若い労働者たちのイデオロギー的導き手となってきた先輩たちも、やがて続いて入党して、運動が発展していくであろうという希望の下で、本編（「第一部」）は閉じられており、物語構造の上からいえば、大筋においてストーリー上の完結性を担保してはいる（もちろんほんの端役として登場したばかりで、「第二部」特に「下」ではじめて重要な役割を演ずるキャラクターが少なからず残されてはいるが）。

「ダンス至上主義」と川添労組青年部の労働者たち——「静かなる山々」第二部・上

本編の終局は一九四六年六月一三日とされている。川添村の農地委員選挙を背景として「第二部」が動き始めるのは、翌一九四七年一月下旬である。やや長くなるが、第四章冒頭の、印象的なダンスパーティの部分を引用しておこう。

川添工場女子寮二棟の裁縫室で、今夜もダンスパーティがひらかれていた。そこは二階で、はしつこなので、道路からもへいごしによくみえた。コードをあちこちにひつぱつて、そまつなインクをぬつたものだけれど、赤や青の電灯、道路までよくきこえるスピーカー、それはここの労働者たちのお手のものであつた。ラジオも少ない村人はなんだかききなれぬ西洋音楽といつしよに道路まで流れだしている色とりどりの光におどろかされた。

「あれまア、男と女とだきあつて――」

夜になると雪に凍てついた、いわゆる〝角倉道路〟辰野をへて松本に通うトラックか、進駐軍のジープがふつとばしてゆくくらいの淋しい道路に、これはめずらしい風景であつた。さいしよのうちは道路ぞいの商店の人々、通りあわせた村の衆が、通用門のあたりに沢山たちどまつたものであつた。

「――こつぱずかしくつて、みていられねえぜ」

げらげら笑いながら、そのくせみんなながいことたちどまつて二階をみあげていた。なかにはおこつたような口ぶりで――これは会社がやらせているのか――ときく者もある。すると詰所の窓口から顔だけのぞかしている〝製糸時代〟からの守衛が、こんなふうに答えた。

「なーに、キョウサントウだよ」

それからもつとなげやりな調子で――しようがねえわさ――と、あくびしながらいうのである。

「ま、なかさはいつてみねえ[9]」

「男と女とだきあつて」と村人がいうように、岡谷の町では最前から怪しげなダンス教習所ができたり、「男女性解放の科学」と称する展覧会が開催されたり、キッスシーンを売り物にする映画が上映されたりと、アメリカで流通、消費されている「エロチズム文化」が、どっと流入、氾濫している状況があった。しかし一方では、この裁縫室で行われているダンスパーティでは「はっきりと女は女、男は男とばかりおどつている」のであった。だれが決めたというわけでもないが、それは頑として皆に守られている暗黙のルールであり、男のほうからパートナーとして求められると、顔を真っ赤にして逃げ出す、まれに誰かがそれに応じると、手を叩いてはやし立てられる、というのがその現状なのであった。

川添労組青年部長となっている古川二郎は、先頭にたってこのダンスを奨励し、「ダンスは文化革命の第一歩である。歌と踊りをもつて封建的遺習を打破せよ」[10]と呼号するほどである。一方二郎の恋人である初恵は、ダンスそのものには「ひとすじに、女として、人間として、しあわせを信じてうたがわないよろこび」を感じてはいるものの、組合内での右派も左派も一致してダンスに興じている状況に、一抹の危惧の念を抱いており、「こんな私の気持がホウケン的なんだろうか?」と思ってみたりもする。

二郎のダンスへの入れ込みようは、まさに「ダンス至上主義」の表れと揶揄されても仕方ないようなものであり、初恵が自分の考えを「ホウケン的?」と自問するのも、その強い影響を示している。もちろん彼らがそう考える理由は、一九四七年初頭から打ち出された日本共産党の文化政策にある。小説には「二、三日まえの『アカハタ』一月二十日づけの『主張』」が引用されている。

「――全国（第二回）協議会において社交ダンスをふくめての歌と舞踊の重要性が強調された。――歌いたい踊りたいという大衆の要求――この問題をとりあげたしゅんかんにおいて、日本における文化革命は最初の第一歩をふみだしたのである――[11]」

現実の『アカハタ』に掲載されたこの「主張」の性格と意味については後に詳述するが、党員たちに対して強い権威と強制力をもつ党中央の方針は、まさに経験浅い若い党員たちを、程度の差こそあれ「ダンス至上主義」の実践に駆り立てるものだったといえるだろう。この方針を率直純情に受け止めて実践に突っ走る二郎に対して、池辺信一はやや慎重な意見を述べるが、二郎からは相手にされない。「じつさい〝アカハタ〟のこの『主張』――農村においては古来の民謡を労働者の感覚をもつてジャズ化することがもつとも適切である――云々というような記事は、当時日本の青年労働者たちに多くのえいきようを与えた[12]」のであった。

方針に忠実であろうとする二郎は、熱心さのあまり、やがてダンスパーティの不文律を破り、皆の前で初恵を誘い、戸惑う彼女の思惑も他所に、彼女とともにダンスを踊るという行動に出る。そしてこのことが、労働者の中の反目が顕在化する引き金となってしまうことになる。裁縫室のダンスパーティに参加しているのは女工寮の二、三棟の者たちだった。一棟の女工たちは、羨ましさとともに、反感を持ってこのパーティを眺めていたのであった。それは「ダンスそのものへというよりは、むしろ二、三棟の同僚にたいしてであつた。もつとはつきりいうなら『まア、男と女とがだきあつて』『あんな娘、とても嫁になんかもらえない』という村人たちの口ぶりと同じ気分、一棟ぜんたいを支配している気分に同調しているむじゅんした気持であった[13]」。

初恵の危惧の通り、青年部総会でそうした反感が一棟の女工河村カツらから表明される。そして興奮した二郎の口から、冒頭に引用した言葉が飛び出す事になった。「――おれは一棟がいちばん封建的だと思うんだ。そうじゃないか。ダンスもやれぬやつは馬鹿か、反動分子だ――」。

丁度一九四七年二月一日に予定されていたゼネストが、連合軍司令部の命令により中止となる。風向きが変わってきたところに、予ねてから共産党の影響力下にある労組青年部を苦々しく思っていた工場長が「ダンスによつて村の風紀を乱している川添労働組合にたいする川添村会の決議」を振りかざし、その責任を問い詰めてくる。折も折、大野木熊雄の恋人・山中キクが、彼の子を妊娠し、実家に帰ってしまう。執行委員会で、大野木は責任をとってキクと結婚することを表明するが、組合長・荒木に諭されても二郎は頑として自己批判を受け入れず、件の暴言も否定したまま、川添労組は臨時大会を迎えることとなる。大会の当日、古川二郎の発言をまともに聴こうとする者はほとんどいない。会場の喧噪の中、混乱して意識を失った初恵は控室に連れ出される。初恵との関係をはやし立てられる中、前夜の執行委員会で暴言を否定したことを指摘され、「言った」「言わない」の水掛け論の挙句、一棟の河村カツの「いつたじやないか、いつたじやないか」と声にその顔を振り返った瞬間、「『馬鹿だ、反動分子だ』といつたじぶんのことばが、ひよいとうかんできた[14]」二郎は、ほとんど自我が崩壊するまでに追い込まれる。

3 「ダンス至上主義」と「ひろし・ぬやま（西沢隆二）」

「ダンス至上主義」の採用と「ひろし・ぬやま」

二郎と初恵は、その後どうなるのか。先を急ぎたいところだが、それに先立って、ここでは二郎のこうした暴走を招いてしまうような結果となった「ダンス至上主義」が共産党の文化政策となるにはどのような背景があったのかについて、考えておきたい。

川添労組青年部で「ダンス熱」が高まる背景となっていたのが、先の引用で示した「二、三日まえの『アカハタ』一月二十日づけの『主張』」であった。まさしく現実の『アカハタ』一九四七年一月二〇日号に掲載された「主張」である。『アカハタ』の「主張」欄は一般新聞の「社説」に当るもので、党中央の公式見解を表明するものとして、党員の間ではまず真っ先に読み、学ぶべきものとされており、そうした位置づけは現在の『赤旗』紙でもさしたる変化はないと看做してよい。

この「文化革命のおとずれ」と題された「主張」は、「歌と舞踊」の大衆性の持つ意味を読書、演劇鑑賞、スポーツなどと区別して特別に強調し、「この問題を取り上げた瞬間において、日本における文化革命は、その最初の第一歩を踏み出すことになる」と述べる。さらにこれらに正面から取り組む勇気のない者は「すでにオイボレているのか、封建的な影響が、今なお強くそれらの人の感情を蝕んでいるために外ならない」とまで強い言葉で述べ立て、「全国協議会における決定を全党員が正しく理解し、大胆に大衆の要求を取り上げて指導する」ことを求めたものであった。「主張」末尾の署名は「ひろし・ぬやま」となっている。

これに先立つ同年一月一日、五日、八日の『アカハタ』紙上に、同じく「ひろし・ぬやま」名による論文「新しい文化運動のために」が分載されている。その中心的主張は、①敵階級は、みにくい接吻映画や不自然な性欲文学を媒介にして、人間誰しも持つ本能に訴え、人間を堕落させようとしている。我々もこの本能的な生きる力に呼びかけて、それを正しく指導するように努めなければならない。②そのため、第一に取り上げなければならないのは音楽と舞踊である。③党及び組合の幹部は、この事実をよく見定め、音楽及び舞踊の持つ特殊な重要性を考え、慎重かつ大胆に、社交ダンスをも含めての一切の労働者音楽と舞踊とを大衆の日常闘争の中から組織しなければならない。④そうするならば、封建的な生活様式がこの一点から崩壊し始めるであろう、ということであり、一月二〇日号の「主張」内容をほぼ先取りするものであった。

その「主張」に名の挙げられている「全国協議会」は、先だって開かれた日本共産党第二回全国協議会（一九四七年一月六日～九日、東京・渋谷公会堂）のことであるが、徳田球一書記長による中央委員会報告が文書化された際、その「註」として、この論文「新しい文化運動のために」に記された内容が書き加えられ、歌（音楽）と舞踊を特別に重要視する「ひろし・ぬやま」の方針が、党中央（徳田書記長）のお墨付きを得ることとなった。そのような経過を経て「主張」欄記事という党の公式見解発表の場を通じて、この「ダンス至上主義」というべき方針の採用が、広く伝達、指示されることになったわけである。

「ひろし・ぬやま」が、当時日本共産党の中央委員であった西沢隆二《たかじ》の筆名であることには説明の要はなかろう。以後は特に必要な場合を除いて、本論文中の呼称は西沢隆二とする。堀辰雄、中野重治らとともに『驢馬』同人として文学的出発をした彼は、その後プロレタリア文学運動に加わって一九三〇年に日本プロレタリア作家同盟（ナルプ）書記長となり、一九三一年八月には非合法下の日本共産党に入党した。一九三四年に治安維持法で逮捕され、裁判で懲役六年の判決を受けて下獄、満期後も予防拘禁とされたが、獄中に十一年あっても非転向を貫いたとされる。一九四五年一〇月、ＧＨＱ指令によって出獄後は、共産党の再建に尽力した。

西沢は徳田球一書記長の女婿であり、その意味でこの時期徳田とは特別に親密な関係にあった。この時期、青年運動・文化運動を担当していた西沢の主張が、徳田書記長率いる党中央の方針として採用された背景として、そのコネクションがあったことは容易に推測される。

西沢の依拠したもの

「歌と踊り」を特別に重要視するこうした考え方は、西沢の独自な主張が強く反映しているものであり、文学運動、文化運動を基盤とする党幹部たちの一致した意見というわけでは、必ずしもなかった。特にはっきりと異論を主張しているのは、蔵原惟人と宮本顕治の二人だった。蔵原は文化連盟の機関誌『文化革命』一月号に論文「大衆の間における文化運動——日本における文化革命の基本任務」を発表し、西沢の主張を「大衆追随主義」の危険があるものとして批判した。宮本は西沢—徳田の権威に対抗するかのように『アカハタ』三月三〇日付「主張」欄に「文化活動の前進」を発表する。

この「主張」で宮本は、①大衆の嗜好に迎合するような文化活動は、それだけでは文化革命の成功に結び付くことはない。②最近の内外の事例からも、卑俗主義の危険は認識されなければならない。③日本の人民大衆の教養と文化的向上に限界を置くのは正しくない。映画、演劇、文学、スポーツ、ダンス音楽のいずれにせよ、そのうちのどれかだけが「最も大衆的」ときめてしまうことも根拠がない。④進歩的階級の優れた立場に立った芸術や文化を創造、普及させ、反動的文化の偽りと害悪を徹底的に批判することこそ、文化活動のとるべき道である、との論を展開した。

その後も『アカハタ』紙上には、歌と舞踊を特別に重視する方針に対する賛否両論が散見されるが、西沢は同年四月二〇日に行われた第一回参議院議員選挙に立候補し、その選挙活動などを通じて、自らの主張にさらに自信を深め、それらを『アカハタ』紙面にも反映させていく⑮。こうして最初は西沢の個性の強い主張であったものが、共産党の権威ある文化運動の方針となり、やがて「静かなる山々」の古川二郎の振舞いに現れたような、過激な「ダンス至上主義」までエスカレートすることとなっていくわけである。

ではこの「ダンス至上主義」に結びつくような、「歌と舞踊」に対する西沢の特異な関心の淵源はどこに求めることができるのだろうか。蔵原惟人や宮本顕治が主張したように、たしかにある側面から見れば、大衆の文化的嗜好に追随し、社会変革運動の本義を離れた皮相な迎合路線という批判も成り立つであろう。しかし当時文化運動、青年運動の最前線を担当していた西沢には、やはり彼なりの、こうした発想の基盤があったはずである。西沢自身の記すところに拠れば、それは「青年は何を望んでいるか?」を見極め、それに端的に応える方針を提示するところにあったということになる。

西沢が文化運動、青年運動の指導を担当していた時期にあたる一九四八年三月、「ひろし・ぬやま」名で『青年運動における愛情の問題』が、日本青年共産同盟出版部から発行されている。後、一九五六年に、続編と併せて三一新書版として再刊された際の「あとがき」(「ぬやま・ひろし」名)には「この〝青年運動における愛情の問題〟及び〝続愛情の問題〟は、いずれもかつての講演をそのまま文章にしたものである」「私は一九四七年から一九四九年に至る三年間、ほとんど毎日、多い日には、日に三度も四度もこの〝愛情の問題〟についての講演を行った[16]」と記している。

青年共産同盟出版部版の本書は、冒頭「序にかえて」と詩二編に続いて「青年は何を望んでいるか?」と題する節から語り起こされている。川崎市の、ある大工場の組合集会場で話したとされるそのエピソードの中心は、端的に次のようなフレーズで語られている。

青年は何を望んでいるか?……出来るだけ明るい、快活な生活を望んでいる。私はそう思う。戦争中青年としての自然な慾求がすべて押し殺されて来ただけに、戦争のおわつた今日、青年たちが一層明るい、快活な生活を求めることは当然である。

みんなが明るさと、快活さを願つている。しかも実際には容易に明るい、快活な気持ちになれな

い。こゝに今日の青年が解決しなければならない重大な問題がある。(17)

これはこの時期のみならず、その後「わかもの社」と雑誌『わかもの』を通じて再び青年運動に関与していった際にもその核となっていた、西沢の根本的発想だったといってよかろう。言葉にしてしまえば単純だが、戦後の青年たちが抱えていた、根本的な欲求を基盤にしようとするこの発想そのものは、「大衆追随の迎合路線」と決めつけてしまえば済むというものではない、青年運動における大きな問題を含む論点として、たしかに存在していたのである。

続けて西沢は「ピクニック」そして「ダンスパーティ」の事例へと話を進める。前者では、ある青年団のピクニックに同行したところ、一行は、男は男、女は女と別れてしまって、お互いに談笑したり、歌を歌ったりといったことが実行に移せない。そのことを音楽運動家の関鑑子に話したところ、彼女は一工夫を案じて、男女が自然にペアになれるようにした。「前のピクニックも一日のピクニックである。後のピクニックも一日のピクニックである。たゞ前の場合には明るさと快活さが頭の中にだけあつた。後の場合には、明るさと、快活さが実行に移されたのである」「こう云うことがわれわれの周囲を見廻すとどれ程沢山あるか知れない」とし、ダンスパーティの事例へと話を進めていく。

四谷で開かれた、男女青年たちによる半日のダンスパーティの企画である。美しく整えられ、立派な電気チクオン器も備えられた会場に、こざっぱりとした身なりで集まった若い男女たちだったが、みな四方の椅子に男女別々に固まって腰かけているばかりで、一向にダンスが始まらない。見兼ねた西沢に促された男性が女性を誘っても、彼女らは容易に立ち上がらない。「われわれが明るい生活、快活な生活について考える場合、はっきり次のことを念頭においておかなければならない。頭の中でどんなに立派なことを考えても、それだけでわれ〳〵の生活が明るく快活にもなるわけではない。実際にはピクニック一つ、ダンスパーティ一つ行えないのだ」とした後、以下それが「専制的支配」の下で長期間にわたり養成されてきた「封建的な道徳観念」の支配を逃れていないからだと論じていく。

「静かなる山々」――「ダンス至上主義」に対する作家のスタンス

徳永直の「静かなる山々」第二部の『アカハタ』連載が開始されるのは、一九五四年三月一日である。徳永が「第二部」を書きはじめるにあたって、川添工場女子寮二棟裁縫室のダンス講習シーンをはじめ、作中に登場する若い男女たちの考え方や態度の造形に、『青年運動における愛情の問題』に現れているような、こうした西沢の青年観を参照したことは疑いない。但し徳永が、結果として過激な「ダンス至上主義」に陥ってしまった若い党員たちの振舞いを、作者としての共感を込めて描き出しはするものの、その振舞いそのものを肯定してはいないことは、先の組合臨時大会での古川二郎の挫折の場面に見た通りである。そこには作中の現在時である一九四七年と、執筆時である一九五四年との時間差があり、徳永の成熟した作家としての反省と構成力がはたらいている。その間にはレッドパージと共産党の分裂、朝鮮戦争の勃発とサンフランシスコ講和条約・日米安保条約の締結、日本の再軍備化などの重大な動きがあり、西沢は徳田らとともに中国に渡って「徳田機関」を組織、活動していた時期であった。一九五五年六月の日付の付された「第二部」の「あとがき」で、徳永は「第一部が描いている当時の日本の労働者階級の運動のうちにあらわれた幼さを、作者もまた同じ水準の幼なさで描いている弱点について、それを克服しようとする努力[18]」をしたと記しているが、「第二部」作中の若い党員男女たちに対する眼差しや描き方は、まさにその反省と努力が生み出したといえるものだったかもしれない。

4　戦後文化運動の中の「反知性主義」
――「ダンス至上主義」の背後にあるもの

根深かった日本共産党文化運動指導部の間の基本的立場の相違

終戦直後、日本共産党の文化運動、青年運動の指導に携わっていたころの西沢隆二のペンネームは「ひろし・ぬやま」である。西沢は『青年運動における愛情の問題』の中の「私はなぜ〝ひろし・ぬやま〟と書くか？」でこのペンネームの由来に関して記しているが、その中に興味深い一節が見出される。

私は刑務所を出てから〝アカハタ〟に〝秋風〟と云う詩を発表した。その時始めてこの名前を使つた。同志宮本顕治が心配して〝セメテ、ぬやま・ひろしとかけよ〟と云つた。同志宮本はあまりこせ〳〵したことは云はない。ことに私に対してはたいていていなことはあきらめているのだが、この時ばかりはよほど気になるらしく、何度もくり返して同じ事を云つた。共産党本部から代々木の駅に来るまでの間に三度ぐらいくり返した。

〃よせやい〃と私は云つた。〃あれは外国人のまねをしているんじやない。ちやんと理論的よりどころがあるんだ。〃

〃しかし、今の大衆の気持から云へば明らかに行きすぎている。〃

〃詩人というものは〃と私は云つた。〃これぐらいは行き過ぎた方がい丶んだ。〃

宮本は苦笑していた。(19)

以下に続けて「ひろし・ぬやま」こと西沢は、名前を上に書くことは民族の伝統に反しておらず、それに反発したり嫌悪感を抱いたりするのは封建的な影響の名残であって「大いに古い」と熱弁を揮う。続く「理論家と詩人」の節では、議論の相手は蔵原惟人に替る。

私はその後同志蔵原惟人ともこの問題について語り合つた。惟人はこう云うのである。

〃しかし日本語では形容詞を上につけるのが原則なんだよ〃

私は惟人の家の日あたりのい丶縁先に寝ころんでいた。これには一寸困つたからである。

〃しかし〃と私は云つた。〃形容詞なら〃〃ノ〃の字をつけたらい丶。徳田ノ球一、中野ノ重治。〃ノ〃の字がなくなつたと云うことは形容詞としての意義を失つたことだ。形容詞でないものがお名前の上にのさばつているところに封建的な〃家〃の支配に名残が認められる。(20)

このやりとりだけをみれば、戦前から革命運動を共にしてきた古い仲間うちの気安さからの、冗談半分の議論のようにも見える。宮本や蔵原の名を出すことで、共産党中央内に率直で忌憚のない意見の交換があることを、誇示しているように受け取れなくもない。

しかし西沢はそのすぐ後に「宮本にしても蔵原にしても理論家であるからなか〳〵慎重にかまえていて実行しない。しかし、物事のよしあしは実行してみなければわからないのである。私はこの二年間、実行して来て居る。一向困らない。選挙のときだけは一寸困つた。しかし、詩人としては困らない」と記していて、宮本、蔵原という二人の「理論家」と「詩人」である自身との、この問題に対する態度を対照的なものとして述べている。

西沢と宮本、蔵原との関係、さらに中野重治との関係は長期にわたって複雑な変化をたどっていったものであり、単純化してとらえることはできないが、少なくとも西沢のペンネームといった一事にとどまらず、まさに当時の日本共産党中央の文化に対する態度決定の方針そのものに関わって、西沢と宮本、蔵原との間に意見の相違があったことは、先に見た通りである。そして西沢の意見が正式の方針として取り上げられた背後に、徳田球一書記長と西沢との個人的な関係があったことも、広く推測されている通りである。

「知性主義」対「反知性主義」の構図

知識人としての出発点といっていい「敗北の文学」以来、宮本顕治の思考様式は、論理的整合性を最重視し、相手の議論に矛盾や弱点がある場合には、その点を容赦なく追及して、論理的破綻を明らかにするという方法で一貫していた。こうした宮本の論理的膂力は、一九六〇年の第八回党大会で新綱領を制定する過程での、宮本の説明態度[21]などに端的に表れているものである。宮本の座右の銘は「知は力」であり、彼は揮毫などの際にしばしばこの言葉を記し、宮本直筆の筆跡の額が現在も日本共産党中央委員会の学習党建設委員会室入口に掲げられているほどである。いわば宮本の党指導の眼目は「知性主義」に基づく論理整合性を最重要視するものだったということができる。常に宮本と歩調を共にした蔵原も、基本的にこの路線を逸脱することがなかったといってよかろう。

これに対して、西沢の思考様式はといえば、決して「知性主義」一本やりではなく、直感に基づく単純なスローガンに基づき、実践とその結果を重視するという態度が基本にあるといってよかろう。それが時には単純すぎるほどの大胆な形式をとり、しばしば「政治的正しさ」から逸脱する場合があったことは「ダンス至上主義」の主張一つにも明らかなことではある。「単純化」「家父長的」「領地主義的」ともいえるような彼の個性が、しかし一方で率直さや柔軟性、ユーモアとも受け取られるような、一種の大衆的魅力を発揮していたことも事実である[22]。そしてこのような特徴が、岳父である徳田球一書記長の性格や文化的嗜好と、ある部分で一致していたこともまた否定できない。

後に共産党から除名処分を受けた西沢は、以下のように記している。

おれが、文化活動の指導に当ったのは三年間にすぎない。くわしくいえば、終戦直後に民主主義文化連盟をつくったから、文化運動は四年間だともいえる。

そのおもなものは共産青年同盟の音楽部として発足した「うたごえ運動」の初期の三年間と東宝ストライキだけだといっていい。

おれは「人民文学」の発刊、発行にもまったく関係していない。

それにも拘わらず、党の文化政策そのものについては、宮本、蔵原たちと一貫して対立しつづけてきた。

おれの一番大きな誤りは、青年運動や文化運動での、宮本とおれとの意見の対立が、政治路線の対立に根ざすということにまったく気づかなかったということだ。(23)

ここから見れば、西沢のペンネームに対する宮本や蔵原の違和感は、彼らと西沢（および、その背後にあった徳田書記長を中心とする指導体制）の政治路線との、戦後共産党の文化政策をめぐる、大きな対立の表れの一つだったと位置づけることもできよう。そしてさらにそれは、その後も宮本と対立し続けた西沢を含む、戦後の日本共産党史に陸続と現れた除名処分者たちの、「知性主義」の宮本路線に対する一種の「反知性主義」(24)ともいうべき系譜の魅力や可能性と、その限界を示唆しているともいえるであろう。

「ダンス至上主義」の歴史をどう総括し、評価するか

さて、東電川添労組臨時大会で、「ダンス至上主義」にのめり込んでいた自らの足場が崩壊する経験

をした二郎と、その恋人・初恵のその後である。大会壇上で「やがて結婚する」と公言した、その関係に変りはなかったが、二郎は以後「人間がちがつたように」なった。自己批判は行ったものの、反発や自暴自棄の気持を抑えることが難しかった時期を経て、一ヵ月もするころ、彼には周囲が、これまでとは違った感覚で見えてくる。

草や木や、天候や、山の色の変化でさえ、きびしい自然の理があるように思えてきて、自然、社会というものがはてしなく豊富であり、ふくざつであることが、眼にうつりはじめてくると、もういままでの独りがてん、独りぎめ、めくらのくせに指導者づらしていた自分がはずかしくてならなかつた。(25)

ここには作家・徳永直の、小説を通じて表現された「ダンス至上主義」の文化政策の、一定の総括と評価の見解があるといってよかろう。一時は舞台となった山村をも揺るがしたものの、以後この作品にダンスが登場することはない。

「ダンス熱」は一時のブームとして、やがて過ぎ去るものであった。しかしその出来事を通じて表現されている、戦後日本共産党の文化運動をめぐる複雑な力学は、先に示唆的に示したような枠組みにおいて、歴史的に、より大きなスパンをとり、さらに検証されなければならないであろう。それは本稿筆者の眼前に浮かび上っている、今後に亘って取り組むべき大きな研究課題である。

（１）徳永直『静かなる山々』第二部上巻、角川小説新書、一九五五年、一〇一頁。なお文献の引用にあたっては、原則として旧字体は新字体に改め、促音等の表記は原文にしたがった。漢字がひらがなに開いてある表記も原文のままとした。以下の引用も同様である。
（２）吉田道昌「社交ダンス」、ブログ「野の学舎」、二〇一四年一月一五日付記事。URL http://d.hatena.ne.jp/michimasa1937/20140115/p1
（３）（２）に同じ。
（４）小玉立哉「札幌在任時のウインフィールド・Ｐ・ニブロの活動について―スクエアダンスを中心としたスポーツ、レクリエーションの普及活動―」『道都大学紀要』経営学部（一〇）、二〇一一年、一―一四頁。
（５）徳永直『静かなる山々』蒼樹社、一九五二年、三四三―三四五頁。
（６）本編の同時代評としては、その方法について、自然主義的、私小説的であるとする野間宏「徳永直著『静かなる山々』」（『潮』四号、一九五二年）や武田泰淳「作家の立場から―『静かなる山々』について」（『人民文学』四巻一号、一九五三年）などの批判がある。これらに対して牧田進「『静かなる山々』について‥事実と小説の統一をめぐって」（『日本文学』三巻一〇号〈特集〉現代小説の方向、一九五四年）で、描写の方法というより、結末の登場人物たちの共産党入党が、予定調和的であることが本作の難点であるという評価を与えている。その後は津田孝「『静かなる山々』論―戦後の民主主義文学３」（『民主文学』通巻一二号、一九六六年）、宮寺清一「『静かなる山々』を読む（『民主文学』通巻三八九号、一九九八年）など、日本共産党系の文学雑誌『民主文学』に、再読の試みが散見される。
（７）（５）に同じ。
（８）「東京電気」は作中で「東電」と略称されている。「東京電力」の略ではない。
（９）（１）に同じ。五八頁。
（10）（１）に同じ。六〇頁。
（11）（１）に同じ。六二頁。

(12)（1）に同じ。七二頁。
(13)（1）に同じ。七七頁。
(14)（1）に同じ。一五九頁。
(15)ひろし　ぬやま「選挙戦と文化斗争」『アカハタ』一九七四年三月九日付「主張」、「斗志いよいよ燃ゆ詩人西沢」『アカハタ』一九四七年四月二九日付談話記事などが掲載されている。
(16)ぬやま・ひろし『青年運動における愛情の問題』、三一新書、一九五六年、一八三頁。
(17)ひろし・ぬやま『青年運動における愛情の問題』、日本青年共産同盟出版部、一九四八年、八―九頁。
(18)徳永直『静かなる山々』第二部下巻、角川小説新書、一九五五年、二〇一頁。
(19)（17）に同じ。八五―八七頁。
(20)（17）に同じ。八八―九〇頁。
(21)宮本顕治『日本革命の展望―綱領問題報告論文集』、日本共産党中央委員会出版部、一九六一年。
(22)近年でも、辻智子の論文では、ぬやま・ひろしこと西沢隆二について「『うたごえ』運動を広めるために全国各地を回り、多くの青年労働者たちに慕われ、泊工場でも人気のあった人物」「共産党員ではないものも含め若者たちにとってはカリスマ的存在」「このきわめてストレートなメッセージは、当時の青年・労働者たちの心をとらえた」と総括、評価されている（辻智子「1950年代日本の社会的文化的状況と生活記録運動―生活記録運動の系譜に関する考察（2）」『神奈川大学心理・教育研究論集』二九号、二〇一〇年、一三頁）。
　このような西沢の個性は、さまざまな局面を含みつつ、おそらくはその生涯を貫いて維持されたと見られる。この個性を前面に立てつつ、後年西沢は『わかもの』誌（わかもの社）を基盤にして、独自の青年文化運動を企図、展開していくことになる。この雑誌の発刊から西沢の共産党からの除名、その後終刊までの経緯や、読者会運動の詳細を明らかにすることは、一九六〇年代の青年層の動向と日本共産党系青年文化運動の関係についての興味深い論点を提供するとみられる。本件は現在調査中であり、別に機会を設けて発表したいと考えているところである。

(23)ぬやま・ひろし「嵐は強い樹をつくる―東京毛研T有志たちに答える」、『毛沢東思想研究』三巻一二号、一九六八年。但し引用は長島又男『ぬやま・ひろしとその時代』、社会評論社、一九八五年、一五一―一五二頁に拠る。

(24)「反知性主義」は、二〇一五年の「反安保法制」運動などの中で、日本の活動的知識層の間に改めて注目されることになった概念である。但しこの運動の中での「反知性主義」の意味は、運動の当事者である論者たちの間でも、必ずしも明確な統一的理解のあるものではなかったといえる（内田樹編『日本の反知性主義』、晶文社、二〇一五年。佐藤優×斎藤環『反知性主義とファシズム』、株式会社金曜日、二〇一五年。など）。

この概念を世に広く知らしめたR・ホーフスタッターの『アメリカの反知性主義』（田村哲夫訳、みすず書房、二〇〇三年）でも、その一般的定義は「私が反知性主義と呼ぶ心的姿勢と理念の共通の特徴は、知的な生き方およびそれを代表するとされる人びとにたいする憤りと疑惑である。そしてそのような生き方の価値をつねに極小化しようとする傾向である」という「一般的な公式」（当該書、八頁）として述べられるにとどまっている。

ここで筆者が「反知性主義」という言葉を使うのは、西沢や、その後ろ盾となっていた徳田らの心性にある宮本、蔵原への反感の一面に、こうした傾向を明らかに見てとることができるからである。ホーフスタッターが言うように、「反知性主義」的な主張をする者が、必ずしも知性に欠けるというわけではない。そうであるにも拘わらず、あるいはそうであるがゆえになおさら「反知性主義」を標榜する例が後を絶たないということは、そのような傾向を生み出す必然的要因があるはずだということになる。西沢隆二の政治的／文学的遍歴から、彼の個人的性格のみには還元されない、その必然的要因への通路を見出すことには、現代の「反知性主義」の諸要素を論じるにあたっても、大きな意味があると考えられる。

(25)（18）に同じ。一二三頁。

第2章 「ルポルタージュ絵画」の変容と六全協のインパクト

鈴木勝雄

桂川寛《小河内村》一九五二年 板橋区立美術館蔵

1　はじめに　「ルポルタージュ絵画」研究の問題点

二〇〇〇年以降、「中村宏：図画事件　1953―2007」展（東京都現代美術館他、二〇〇七年）、「池田龍雄――アヴァンギャルドの軌跡」展（山梨県立美術館他、二〇一〇年）といった一九五〇年代に活躍した画家の大規模な個展が続いたことや、「記録」をキーワードに一九五〇年代の文化現象を分析する鳥羽耕史の『1950年代―「記録」の時代』（河出書房新社、二〇一〇年）のような研究が登場したことにより、「ルポルタージュ絵画」という戦後美術史のカテゴリーは定着したかにみえる。(1) それは一般的に、基地反対闘争や、労働争議など、一九五〇年代の日本を揺るがした出来事や事件に取材し、現場で得た体験をもとに社会的な事象の本質を視覚的に記録した絵画を指す。奥多摩の小河内ダム建設反対運動の体験から生まれた桂川寛の《小河内村》や、砂川の米軍基地拡張反対闘争に参加した中村宏の《砂川五番》（図1）などが「ルポルタージュ絵画」の代表作として知られている。一九五〇年の朝鮮戦争の勃発を契機に東西冷戦体制が強化されるなか、日本国内は戦後民主主義から再軍備へという「逆コース」を歩み、一九五二年のサンフランシスコ平和条約の発効によって主権を回復したものの、同時に発効した安保条約によって全国六百カ所におよぶ米軍基地が残されることになった。このような戦後の日本の矛盾を絵画的な構成を通して人々に問いかけることで、社会変革の機運をつくりだそうと模索したのが「ルポルタージュ絵画」だったのである。

図１　中村宏《砂川五番》 1955 年　東京都現代美術館蔵
Image：東京都歴史文化財団イメージアーカイブ

ここまであえて所与のものとして「ルポルタージュ絵画」という用語を使ってきたが、実は、このカテゴリーが形成されるまでの歴史的なプロセスには不明な点が多いのだ。上記の「池田龍雄」展カタログにおける川浪千鶴の解説には次のような記述がある。

一九五〇年代前半、文学だけでなく絵画の世界においても、大衆性・社会性という命題のもと、自然主義的でも社会主義的でもない新しいリアリズムの可能性を巡って、ドキュメンタリーやルポルタージュの手法が盛んに議論されていた。想像や観念ではなく、自らの体験を通じて把握した事象をもとに描かれた作品群は、のちに「ルポルタージュ絵画」と呼ばれ、日本の戦後美術史を大きく特徴づけることになる。(2)

「のちに」という形容が示す通り、「ルポルタージュ絵画」は同時代に使用されていた用語ではなく、後の時代が付与したカテゴリーであるというのだ。つねに括弧つきで表記される理由はそこにある。川浪は同カタログに掲載されたエッセーの註の中で、「一九五〇年代当時『ルポルタージュ芸術』や『ルポルタージュ理論』などの表現はあったが『ルポルタージュ絵画』という言葉は使われていなかった」と記している。[3]さらに「日本のルポルタージュ・アート」展（板橋区立美術館、一九八八年）など戦後美術史を見直す活動の中から、近年になって「ルポルタージュ絵画」という呼称が生まれ、定着していったと推察する。この見解は、上述の「中村宏展」カタログの中でやはり註として付記された藤井亜紀（東京都現代美術館）の調査結果とも一致する。[4]両展覧会ともに、一九五〇年当時「ルポルタージュ絵画」という表現は存在しなかった、その呼称は比較的近年の戦後美術研究のなかで登場し普及したものであると結論づけるのだ。

だが、この時代の文献を紐解けば、遅くとも一九五〇年代後半には「ルポルタージュ絵画」という用例を見出すことができる。中村宏は一九五七年に書いた短文の中で「かつて、ルポルタージュ絵画運動があった」と記している（『批評運動』一四号、一九五七年八月）。五七年の時点で「かつて」と過去形で語っていることに注目したい。さらに、批評家針生一郎の五五年の論考には「連作のルポルタージュ絵画をオート・スライドにして工場・学校などをもち廻ろうとするグループ」という一節が含まれているし（『美術批評』三七号、一九五五年一月）、五七年に発表した「戦後美術の再検討のために」というエッセーの中では、「かつて基地や工場等のルポルタージュ絵画にとりくんでいた作家」という表現を使っている（『美術運動』五三号、一九五七年四月）。さらに戦後美術の通史を試みた「戦後美術盛衰史」の連載第六回目（『美術手帖』二二二号、一九六三年七月）において「ルポルタージュ絵画の運動」という見出しを発見できる。あるいは、中村宏と同様にルポルタージュ美術の主要作家とみなされる桂川寛は、戦後美術の歴史を総括する論文の中で「ルポルタージュ絵画運動の発生」という見出しを掲げている（『形象』四号、一九六〇年）。このように一九五〇年代後半から一九六〇年代初頭にかけて、主として近過去の美術を振り返る作業において、「ルポルタージュ絵画」ないしは「ルポルタージュ絵画運動」という用語が、たしかに複数の人物によって使用されているのである。

これはいったいどういうことなのだろうか。中村宏と池田龍雄の個展を調査するうえで必読の文献に「ルポルタージュ絵画」の用例を容易に探し出せるはずなのに、両展覧会の担当者はそれを見落としたということか。もうひとつの疑問は、両展の見解では近年作られた用語であるとする「ルポルタージュ絵画」を、あえて一九五〇年代の歴史研究の中で採用する理由について一切説明をしていないことである。同時代に確認できたという「ルポルタージュ芸術」、「ルポルタージュ理論」、「ルポルタージュ運動」という概念との差異も明らかにされない。それは何を招くかというと、同時代の文脈を軽視した「ルポルタージュ絵画」というカテゴリーの恣意的な使用である。たとえば「中村宏展」では、現場の取材は「ルポルタージュ絵画」の必要条件ではないとし、資料に基づく既存のイメージの再構成や歴史的な出来事の解釈も含めて「ルポルタージュ絵画」の範疇に含めることを提唱する。肝心の「ルポルタージュ絵画」の定義が不明なままに、これらの見解が定説のように引用され、再生産され続けていることを見逃すことはできない。(5)

本論の目的は、これらの疑問を解き明かす過程を通じて、私たちが現在自明のものとして受け入れている「ルポルタージュ絵画」という枠組みそのものを検証することにある。今後の戦後美術研究のために、これまでの研究の問題点を指摘するとともに、「ルポルタージュ絵画」の定義をめぐる混乱に決着をつけたい。まず一九五〇年代から六〇年代にかけての用例を分析することで、同時代の文脈に即した「ルポルタージュ絵画」の概念を再構成する。「ルポルタージュ」という語に託された歴史的な負荷をふまえて、視覚芸術が獲得しようとした社会性にこそ、「ルポルタージュ絵画」の意義があったことを示す。第二に、「ルポルタージュ絵画」の大きな転換点となった六全協、すなわち一九五五年七月二九日の日本共産党第六回全国協議会の方針転換が美術界に与えた影響に注目することで、一九五〇年代に存在していたはずの「ルポルタージュ絵画」という概念が変容していく過程を明らかにしたい。

2　運動体としての「ルポルタージュ絵画」

方法としての記録

戦後の日本文化の中に「ルポルタージュ」という言葉を浸透させ、各芸術ジャンルで「ルポルタージュ」様式が流行するきっかけをつくったのは文学であったといえよう。一九四五年十月一日の『レ・タン・モデルヌ』誌の創刊に際して記した宣言の中でジャン＝ポール・サルトルがルポルタージュを最重要の文学様式と位置づけたことが大きな話題を呼び、一九五〇年代初頭に「ルポルタージュ」をめぐる議論が文学の領域で深まった。岩波書店刊行の『文学』誌（二二巻八号、一九五四年八月）は「ルポルタージュ文学」の特集を組み、その中で評論家の佐々木基一は「ルポルタージュとは時代の大きな局面に積極的に渉り合い、局面の変化に即応するための形式である」と定義し、とりわけ「戦争とか、革命とか、社会の転換期とか、大きな危機の時代」において、その意義は高まると指摘した。混迷をきわめた戦後の日本社会の現実が、ルポルタージュという新たな形式を求めているという見解だ。一九五〇年代特有の緊迫した社会状況の中で、ルポルタージュはまたたくまに希望を託す時代のキーワードに躍り出た。

画家池田龍雄によるエッセーは、そのタイトル「絵画におけるルポルタージュの問題」が示す通り、「ルポルタージュ」に向けられた社会的な要望に対する、美術家からの応答として読むことができるだろう。

> 作家が、歴史に対して積極的に参加し実践者の眼を以て、現実をより正確にとらえ更にそれを建設的、発展的な方向に向って描き出す為には先ずどうしても「ルポルタージュ」と云う事を第一に問題にせざるを得ない。
>
> もともとこれは芸術の問題ではなかったわけだが、現在それが一つの新しいレアリズムとして問題にされる以上、矢張りそれは単に社会科学的な意味での調査、記録や、ジャーナリスチックな、興味本位の報道だけに限られるべきではなく、新しく芸術家の立場から、云はゞ創作活動の一つの延長として考へられるべきであらう。(6)

図2　池田龍雄《アメリカ兵、子ども、バラック》
1953年　板橋区立美術館蔵

池田は「ルポルタージュ」を新しいリアリズムの方法として理解し、複雑な現実を多角的に捉えることで抽出された「典型」を造形的に構成することをその課題とした。つまり現実変革を志向する実践的な側面ばかりでなく、「何を、いかに描くべきか」という絵画の問題としてルポルタージュに取り組んでいったのである。一九五三年に池田は、山野卓造、福田恒太とともに基地反対闘争に揺れる立川を訪れ、基地周辺の人々の生活の実態を記録した絵画をもとに、『人民文学』誌掲載の「絵ルポ基地立川」を構成した。この集団によるルポルタージュの体験を経て、池田は《アメリカ兵、子供、バラック》（一九五三年）のようなペン画という独自のスタイルにたどり着く（図2）。油彩画と比較してはるかに短時間で制作できること、印刷媒体に展開しやすいことなどがペン画の長所であるという。と同時に、小さな画面に凝縮した線描の息遣いが生み出すペン画ならではのリアリティーにも注目すべきだろう。それは明らかに従来の展覧会芸術としての油彩画とは異なる表現の質を追求するものであった。

「ルポルタージュ絵画運動の発生」という見出しのもと、一九六〇年の時点から過去の動向を振り返った桂川寛の論考では、ルポルタージュ運動と政治との関連が強調されている。桂川が描き出すルポルタージュ絵画運動の歴史は、自らを含む山下菊二、尾藤豊、入野達弥、島田澄也ら前衛美術会に所属する画家が、日本共産党の主導する武装闘争路線の一形態である山村工作隊の一員として、一九五二年に奥多摩の小河内村に滞在した際の活動を起点に位置づけている。(7) 彼らは、小河内ダム建設計画への反対運動を支援する情宣活動として、ガリ版刷りのパンフレットを共同で作成した。桂川は「東京周辺の工場地帯でのサークル活動は既に散発的にはなされていたが、より集団的に始められたのはこれが最初といえるだろう」と述べ、同運動の源流のひとつとして、サークル運動で模索された「集団」での創造行為を挙げた。(8) そのうえで、「これ以後エナージ、フォールや美学生などのグループ、あるいは個人による立川、横田、富士山麓、九十九里、内灘等の基地斗争への参加が続く」と、ルポルタージュ運動を生み出す社会的事象の焦点に基地闘争があることを明示した。ちなみに「エナージ」を結成したのは既に言及した池田龍雄に加え、福田恒太、山野卓造、中野淳である。桂川が前景化したルポルタージュ絵画運動とは、朝鮮戦争勃発以降の日本の情勢に危機感を覚えた画家たちが、各地の民衆レベルの社会運動の現場を集団で訪れ、芸術を通じて支援を行う活動にほかならない。

桂川は同じ文章の中で、サークル運動に参加した美術家たちに中国版画の影響があることを指摘しているが、(9) サークル運動と木版画の間には深いつながりがあった。戦後間もなく抗日運動のメディアであった中国の木刻が展覧会や出版を通して紹介されたことが契機となって、簡易な道具で手軽に制作でき、なおかつイメージの複数化に資する木版画が、とりわけ社会運動の文脈で活用されたのである。一九三〇年代のプロレタリア美術運動の中核にいた鈴木賢二が版画運動の組織化に主導的な役割を果たし、各地の美術サークル、版画サークルの創設を促しながら、労働争議の支援などの具体的な活動を通して木版画を普及していった。それぞれの生活の記録をサークルの成員間で共有することから現実認識を深めていくという「生活版画」の理念が追求された。このような版画とサークル運動の組み合わせは社会的なひろがりを獲得し、一九四九年には鈴木賢二、上野誠、大田耕士、滝平二郎、新居広治、飯野農夫也によって日本版画運動協会が結成されることになる。

後年、日本版画運動協会の活動を振り返る座談会において、三井寿雄は戦後美術運動の中で版画運動が切り拓いた二つの領野を指摘した。一つは、集団創作の試みである。大山茂雄、鈴木賢二、新居広治、滝平二郎のメンバーの頭文字からとった「押仁太《オスニタ》」というグループを結成し、一九五〇年に日立争議に取材した『日立物語』、茨城の農民運動史を描いた『常東ものがたり』、そして翌五一年には東北の花岡鉱山での苛酷な強制労働の実態を伝える『花岡ものがたり』を、現地取材と当事者との共同作業を前提とする集団制作の方法によって完成させた。もう一つは「ルポルタージュ」という記録の形式への版画運動の貢献である。三井は「今、前衛の諸君なんかがよくルポルタージュ文学とか、ルポルタージュ美術とか云うが、そういうキッカケを版運が作ったという積極的な意義を歴史的に評価しなおさなければならない」と語っている。(10) つまり、桂川が前衛美術会の青年画家の山村工作隊体験を端緒として「ルポルタージュ絵画運動」を歴史化しようとしたのに対して、同様の目的意識と方法論は、すでに版画運動がサークル運動と手を携えて取り組んでいたものだと三井は見ているのだ。そもそも前衛美術会は、鈴木賢二、新居広治、入江博、木村重夫、林文雄ら旧プロレタリア美術系の作家と、美術文化協会を脱退した丸木位里、佐田勝、井上長三郎、大塚睦、山下菊二、箕田源二郎、高山良策らによって一九四七年に結成された左翼思想を標榜する美術団体である。版画運動のアイディアは、前衛美術会の会員に共有されていたとみたほうが自然であるし、なにより桂川らが小河内村で制作した版画によるパンフレット『週刊小河内』自体が、版画運動の実践に重なるものだ。

このように同時代の言説をもとに「ルポルタージュ絵画」の輪郭を定めていくと、それが複数の創造の系譜なりアイディアが流れ込んで形成された集合体であることがわかる。その特徴をまとめると、以下の六点が列挙できるだろう。第一に、社会的な事象の本質を記録し伝達する「ルポルタージュ」という、一九五〇年代という時代が要請した方法とその美術への適用。第二に、トピックとして、とりわけ米軍基地、ダム、炭鉱、工場に焦点が当てられたこと。第三に、「ルポルタージュ」の実践を通して、旧来の自然主義でもシュルレアリスムでもない、新たなリアリズムの形式を探求する動き。第四に、政治的前衛と連動した社会運動に参画する美術家の実践。第五に、近代の個人主義的な芸術観を覆す集団制作の試み。そして第六に、展覧会芸術とは異なる公共性を獲得する印刷メディアの活用を挙げたい。桂川が使用した「ルポルタージュ絵画運動」という見出しにあきらかなように、「ルポルタージュ絵画」は「何をどう描くか」という絵画の内容と形式の問題だけでなく、文化と政治が連動しながらメディアを駆使して大衆との共同戦線を築く「運動体」であったことを銘記すべきである。

ルポルタージュ絵画運動の展開とその受容

このようなルポルタージュ運動の裾野のひろがりをさらに拡大深化させるべく、桂川寛、池田龍雄、山下菊二、尾藤豊らは、志を同じくする美術家の全国的な集団を組織しようと準備を重ね、一九五三年三月「青年美術家連合」を結成した[11]。桂川が「グループ単位による青年美術家の一種のサークル運動」と捉えていたように、青年美術家連合の結成には、各地で誕生し個別に活動していたグループを横断的につなぐことで、集団としての社会的発言力を高めていく狙いがあった。

早速、桂川は青年美術家連合の機関誌である『今日の美術』の創刊号に「集団としての美術家」という文章を発表、グループのマニフェストとなるような展覧会の構想を示した、

戦争と敗戦と植民地的ないまの姿を、またその古さや貧困を個々の体験を通して表現した作品（批判と記録のタブロオ、写真）、あるいはぼくらを育んだ母胎の持つ伝統を大衆の生活様式と結合してそれ自身としてこの国を表現した作品（日本画、工芸、建築、いけ花等）、また民衆の生活の中に育つ新しい機能をもった芸術（応用美術、壁画、生活美術、絵画のマスプロダクション）等、――個々人の条件と体験にもとづいて綜合された形では（個人を超えた）国民的、社会的リアリティを表現できるような展覧会（?）をぜひ持つべきだと思う[12]。

この桂川の構想では、従来の展覧会芸術の枠組みを超えたメディアの拡張とその結果達成される美術

の社会的な機能が、三つのポイントに分けて主張されていることに注目したい。このアイディアに端を発して青年美術家連合の具体的な作品発表の機会となったのが、前衛美術会との共催という形で一九五三年六月に実現した「ニッポン展」であった。パンフレットに掲載されたタイトルは「課題をもった美術展〝ニッポン〟――美術家のみた日本のすがた」である。「ニッポン」を掲げた同展のねらいについて主催者はこう説明する。「この展覧会を持った理由は、なによりも、現在、私たちを支えているニッポンの姿を、新しい美術の創造上の課題としてとらえ、国民的な規模での美術運動を、もう一歩質的に深めたいという意図からに他なりません。アッピールにも云われているとおり、現在の私たちのニッポンは、古いものと新しいもの、祖国の顔と異国の顔、そのほかあらゆるものが一種雑然とした、混交のすがたを示しております。この文化の跛行性こそが私たちの思考と創造を決定する重要なきっかけを造っているのであります」と。[13] 戦後日本の構造的な「跛行性」を認識することを美術の課題として追求していくことを宣言すると同時に、その活動が「国民的な規模での美術運動」に発展していかねばならないとも記す。個人の創造にとどまることなく「集団」としての創造行為を通して、変革のモーメントを生み出したいというメッセージである。

では、実際にどのような作品が並んでいたのか。図版が残されていないので出品目録から推測するしかないのだが、具体的な地名をタイトルに含む作品も多く、ルポルタージュという新しい方法意識で取り組んだ仕事の発表の機会になっていたようだ。池田龍雄《飛行場と農民》、《アメリカ兵、子供、バラック》、桂川寛《やがて沈む村（西多摩郡小河内村）》、《港区田町東京機器製作所》、勅使河原宏《書食

（沈む村　背景にダム工事場）》、山下菊二《あけぼの村物語（山梨県）》などの中核メンバーの仕事は、立川の米軍基地、小河内のダム工事、山梨の山村で発生した事件に取材したルポルタージュ作品であった。このうち桂川、勅使河原、山下の絵画は、山村工作隊の体験がベースになっている。また新居広治、鈴木賢二といった版画運動のメンバーも名を連ね、さらに作品は確認できないものの、四名の作家による「合作」の《今日シリーズ》や二葉会の「共同制作」と記された《魚のない海（富津の漁民）》など、集団制作の取組みも目につく。「ニッポン」展の呼びかけに応えるように、会場には日本の状況を批判的な視点で捉えるような作品が結集したのである。先に引用した桂川の「集団としての美術家」で列挙された第一のポイントと第三のポイントが「ニッポン」展を特徴づけている。

次に、青年美術家連合のマニフェストともいえる同展がどのように受容されたのかを確認してみたい。大きく分けて二つの方向性が支持されたようだ。一つは瀧口修造が展評の中で言及した、「新しいレアリズム」の可能性である。

それこそニッポンのような現実を、あまりに反映しなさすぎる画壇の流れというものはおかしい。だからといってこの現実をカンタンに引写しはできるとは考えられない。一連の新しいレアリズムの動き、たとえば山下、勅使河原、桂川、福田、山野、池田などの諸君（それを一つの傾向とみなしてしまっては困るでしょうが）の仕事は、現実模写を脱しようとしながら、そこのところでやはり定型にはまりそうなのは考えるべきだと思いました。たしかにこの人たちの意図は日本のレアリズムの空白を狙っているようですし、これはぜひとも延ばさねばならぬ値打ちがあると思う。[14]

瀧口が指摘した課題は、ニッポン展の主催者側にも共有されており、オーガナイザーの一人であった勅使河原宏は第一回展を終えた時点で、「ぼくが今痛切に感じていることはあたらしいレアリズムが確立されるためのエレメントである芸術革命の問題がおき忘れられていたのではないかと云うことです」と自省のコメントを発表している。社会的現象の説明に終始した過去のプロレタリア美術と同じ轍を踏まないように、絵画の形式の刷新が不可欠であるという認識を示した。[15]

ニッポン展の問題提起に対するもう一つの受け止めは、ルポルタージュ美術の運動体としての可能性に期待するというものである。針生一郎の「記録性」というエッセーは、他ジャンルと接続可能な「記録」というキーワードを抽出したうえで、一九五〇年代前半のルポルタージュ芸術の昂揚を、作家と大衆とが新たなコミュニケーションの方法を介して共同する大きな文化運動のうねりと捉えた。[16]少々長くなるが引用したい。

美術家も国民大衆のひとりとして、作家生活や社会生活の矛盾をとおして、民衆全体の矛盾に結びつくべきだという自覚は、広汎に高まってきている。ビキニの水爆実験以後、なんらかの形でおびやかされた日本の生活と心理をえがこうとする作品は、展覧会にも数多くあらわれている。意識的に国民生活に密着して、そこから新しい創作の課題を発見しようとする動きも、あちこちにおこってきた。ここ二、三年、そういう形でほりおこされ、記録された現実のすがたは、美術界を多様にいろどっている。メーデーの労働者、日鋼その他の軍管工場、内灘・立川・妙義等の基地闘争、水害地その他の生活苦と封建制におしひしがれた農民、その外、一般市民のさまざまな生活情景。こうしたルポルタージュ美術運動の結集として「ニッポン展」はすでに二回を経ており、職場美術展にも各地の職場サークルから生まれた記録的な作品があつまっている。平和展、アンデパンダン展、国民文化会議の職場見学運動などをとおして、専門作家と大衆の美術要求との結びつきは、急速に深まっている。金がかかり、かぎられた美術愛好者にしかみてもらえぬ展覧会形式にあきたらず、連作のルポルタージュ絵画をオート・スライドにして工場・学校などをもち廻ろうとするグループや、移動展形式でできるだけ多くのひとにみてもらおうと考えているグループも少なくない。だれにみせるか、の観点から、なにを描くか、いかに描くかの問題も新しくみなおされようとしている。(17)

「なにを、いかに描くか」という制作側の問題意識に加えて、「誰に見せるか」という受け手との関係に重きを置いていることが、ルポルタージュ絵画運動が「運動体」である所以となる。「大衆の中へ」をかけ声に、現場での共同作業や、展覧会芸術を超えた発表媒体の拡張によって、変革の担い手となる自発的な主体の形成が目論まれる。それは、モダニズムの自律的な芸術観を乗り越え、芸術の政治的かつ社会的な機能を回復する実験でもあったのだ。

このように「記録」の社会性に注目する針生ではあるが、もちろん絵画の造形的な側面を軽視しているわけではない。「ドキュメントとしての絵画を考えるばあい、その方法を自然主義的描写絵画に限定することは、むしろ今日美術界に広汎におこっている社会的現実への関心を遮断することになるだろう。近代絵画の方法的遺産を積極的に動員して、内部の現実と外部の現実を統一的にとらえる新しい記録的方法こそ、今日の人間像に裏づけられつつ生まれなければならない」として、造形面での創造性を強調することも忘れない(18)。だがそれは前衛的な傾向のみを評価し、比較的素朴なリアリズムの傾向を排除することを意味しない。「素朴リアリズムの系列にある作家といえども、まったく無前提に事実の再現をのぞんでいるわけではない。箕田源二郎、新海覚造、岡本唐貴、永井潔、山野卓造らの作品でも、テーマの意味と形態の自然性にしたがって、構成、誇張、デフォルマション等の操作がおこなわれている」とみなし、ルポルタージュ絵画運動を構成する日本美術会所属の作家達にも評価を与えている(19)。「誰に見せるか」という大衆との回路を構築するうえで、「素朴リアリズム」も戦略的に有効であるという認識があったのだろう。

つまり、ルポルタージュという共通の目標に向かって、アヴァンギャルドから素朴なリアリズムまで、異なる造形志向の作家と作品が結集していたというのが実態なのである。表現の質の追求と、大衆の中での量的な浸透という、容易には両立しがたい二つのベクトルがルポルタージュ絵画運動に内在していた。絵画の形式を刷新する「新しいリアリズム」という方向は主としてシュルレアリスムを吸収したアヴァンギャルド作家によって担われ、サークル運動を介して大衆との共同戦線を構築していく方向は、主として素朴リアリズム系の作家によって推進された。ルポルタージュ絵画運動とは明確な様式を指すのではなく、現実に対峙する作家の態度によってゆるやかに形成された集合体なのである。だが、このような二つの異なるベクトルを抱えていることが、やがてルポルタージュ絵画運動を内側から蝕んでいくことになる。

3　美術における六全協のインパクト

ルポルタージュ絵画運動の自己批判

ルポルタージュ美術の歴史的展開を考察するうえで不可欠な要素が日本共産党との関わりである。敗戦直後はアメリカの庇護のもとでの平和革命方式を採択していた日本共産党であったが、一九五〇年の朝鮮戦争の勃発とそれにともなう東西冷戦の緊張の高まりによって、その方針は変更を余儀なくされる。まずGHQによる占領政策の転換により日本共産党に対する締め付けが強化された。さらに一九五〇年一月に民族闘争を軽視した平和革命方式に対するコミンフォルムからの批判を受けて党は分裂する。一九五一年十月十六日に開かれた第五回全国協議会（五全協）において、主流派となった所感派は暴力革命を方針とするソビエトからの「五一年綱領」を採択。中国革命にならって、農村を根拠地とした闘争の拠点づくりを任務とする山村工作隊を組織するなど、各地で武装闘争路線にもとづく活動を推進した。その結果、日本共産党は国民の支持を失い、一九五二年の総選挙で大敗して議席を失うことになる。しかも一九五三年七月に朝鮮戦争が休戦になると、そもそも朝鮮戦争の後方攪乱として企画された「武装闘争」の必要性は薄れることになった。こうした変化をふまえて、一九五五年七月の第六回全国協議会（六全協）において、それまで日本共産党が展開してきた暴力革命路線は極左冒険主義として否定され、党は五〇年来の分裂状態に終止符を打ったのである。

六全協による突然の方針転換は党員に大きなショックを与えた。六全協が発表された七月の末から年内いっぱいの党内には「六全協ショック」「六全協ノイローゼ」「六全協ボケ」と呼ばれる状態、終戦直後の虚脱状態に似た状態がつづいたと、安東仁兵衛は『戦後日本共産党私記』で記している[20]。それまで正しいと信じて推進してきた活動が、突如根本から否定されたのだから無理もない。このような六全協ショックが、美術界をも揺るがしたのだ。とりわけ社会運動と一体化したルポルタージュ絵画運動を主導する作家たちに激震が走った。というのも、小河内村に潜入した前衛美術会の作家達や、サークル運動にコミットした版画運動協会など、ルポルタージュ運動に関与する作家には共産党員とそのシンパが多く含まれていたからだ。ルポルタージュ美術がサークルと連携しながら「運動体」として展開していった背景に、日本共産党の文化方針が働いていたことについては疑問の余地はない。

では、六全協の決定に対して、具体的にどのようなリアクションが美術界に発生したのかを確認してみよう。取り上げるのは、日本共産党の文化部門として機能していた日本美術会である。同会主催の日本アンデパンダン展は、当初から政治性、社会性の強い作品発表の場であったが、一九五二年の第六回展ごろから、闘争の現場への取材にもとづくルポルタージュの傾向が顕著になったという[21]。ところが、六全協後には日本美術会内部からもルポルタージュに対して次のような批判が語られるようになるのだ。「ルポルタージュの問題ですが、今までのところ、ルポルタージュの形式が一つのジャンルとして明確にされ発展してきたのではなくて、〝国民美術の創造云々〞というようなスローガンや、あるいは基地闘争に加わるといった伝統的な政治主義的な立場からのみ、問題にされてきた」と、政治主導によって造形的な側面が疎かにされてきたことを指摘した。[22] このような自己批判は会員にも浸透しており、すでに日本アンデパンダン展の会場の雰囲気を一変させていた。『美術運動』の投稿欄に掲載された投書はその変化を次のように伝えている。

日本美術会のアンデパンダン展は去年に比べて随分変ったと言う批評をよく聞くが、事実、確かに去年あたりから非常に変わりつつある。第一、従来一つの特色でもあったはずのメーデーや、ストライキや、座り込みの場面を描いた作品が、今年はほとんど見られなかった。それは恐らく、内外の政治的な動きや社会情勢の変化を反映した結果であろうし、又、芸術上の批判が、それ等のテーマ絵画に対して、相当きびしかったことも原因であるかもしれない。[23]

六全協を契機とする方針転換によって、それまで闘争の現場への参加を旨とし、戦後日本の「現実」を記録し伝達してきたルポルタージュ絵画運動は、「テーマ絵画」のレッテルによって批判されるようになったのである。たしかに、ルポルタージュ絵画のモチーフが、基地反対闘争や工場での労働争議など特定の事象に偏っていたのは事実である。しかし、それに対する「テーマ絵画」批判は、「基地や赤旗」を描くことそのものを忌避するという短絡的な反応を促したのだ。このような事態を受け、批評家の毛利ユリは「彼らは単に基地や赤旗を書くことを自己批判したのであつて、今度は鋳物工場やら炭坑やら炭焼小屋やらへ出かけている」と、本来なすべき旧態依然としたリアリズムの更新を棚上げにして、議論がテーマ選択の範囲にとどまっていることを皮肉った(24)。

では、こうした「テーマ絵画」の隘路の先にはどのような展開が控えていたのか。松本俊夫はリアリズムが自壊ののちの展覧会場風景を次のように描写した。

素材主義とかテーマ主義とか、かつて日本美術会をはじめ、いわゆる社会意識の高いといわれていた美術家たちのなかに深く浸蝕していた、誤ったリアリズムの理解は、その拠って立っていたところの政治的基盤が崩壊する過程の中で、一見意外にもはやく解体し、姿を消した。…（中略）…ともかく、誰もが奇妙に感じるほど短期間に、事態は一変した。むろんそれ自身としては妥当なことなのだが、誰もかれもが、反自然主義、反テーマ主義等の合言葉を口にするようになり、展覧会の壁面からは、なるほど全くといってよいほど露骨で卑俗なくそリアリズムの描写絵画は影をひそめるようになった。かつて事件から事件へと、現象の表面を迫真的に模写し表現することで、いかにも現実に鋭く対立していたかのようにかたく信じ込んでいたものたちも、まるで流行おくれの衣装をぬぎ換えるように、実にあざやかに反自然主義の近代的外装を獲得した(25)。

六全協の激震の翌年、まるでルポルタージュ美術の行き詰まりを待ちかまえていたかのように、新しいモードが日本に到来する。朝日新聞主催の『世界・今日の美術展』が東京を皮切りに日本各地を巡回し、フランスの美術批評家ミシェル・タピエが提唱する抽象絵画のムーブメント「アンフォルメル」を紹介したことで、「アンフォルメル旋風」「アンフォルメル・ショック」と呼ばれるブームがまたたくまに沸き起こった。画家の自発的なアクションが生み出す絵具の奔流によって、「テーマ絵画」は押し流され、同時に芸術と政治とのつながりも断たれてしまう。歴史の偶然にすぎないとはいえ、六全協を契機とするルポルタージュ絵画に代表される左翼的美術運動の後退と、欧米が主導する「自由」の表象たる抽象絵画を推進したアンフォルメル・ブームがほぼ同時に起こっていることは、現在の地点から振りかえれば、美学的なレベルにおける東西冷戦期のイデオロギー対立の反映とも解釈できるだろう。六全協は共産党内の問題にとどまらず、文化が脱政治化していく分水嶺となったのだ。

六全協後に批判されたのは「テーマ主義」だけではない。ルポルタージュ絵画運動のもうひとつの柱であった大衆との共同という目標にも批判の矢が向けられた。針生一郎の自己批判を読むと、六全協をはさんで、ルポルタージュ運動に対する評価が一変したことがわかる。

> 民主主義美術運動にとってもっとも汚濁にみちた歴史は、一九五二《ママ》年のコミンフォルムによる批判以後の、日本共産党の党内抗争、そこからみちびきだされた火炎瓶主義、俗流大衆路線等の一連のあやまりが、セクト的で教条主義的な党員作家と、かれらにたいする非党員作家のコンプレッ

クスによってたえず運動内部にもちこまれたことである。この時期に生み出されたおびただしいテーマ主義、公式主義の作品については、戦争画と同じように道義的、個人的な問題に解消することなく、また当時の客観情勢にも責任を転嫁することなく、主体と方法の問題として、今後われわれの厳密に批判してゆかねばならないものである。同時に、職場美術の運動によっておこった、専門家と観衆との無差別な同一化、「大衆に解る」作品という名のもとにあらわれた卑俗な追随主義、なかんずく、労働者層から性急にイデオロギーをもった専門家をつくりあげようとした指導者たちの誤謬なども、今日各方面に根ぶかい影響をのこしている。(26)

先に引用した、一九五五年に発表した「記録性」と題された論考では、サークル運動やメディアを活用した芸術の量的な拡大によって「専門作家と大衆の美術要求との結びつきは、急速に深まっている」と評価していたはずなのに、六全協後のエッセーでは、ルポルタージュ絵画運動を「運動体」たらしめるこれらの活動を根底から批判している。「大衆の中へ」という受け手とのコミュニケーションを重視する理念が六全協後の「自己批判」の中で消去されてしまうのだ。

最後にルポルタージュ絵画運動を担った作家集団の六全協後の足取りを確認しておこう。版画運動協会に関しては、上野誠が『形象』誌のインタビューの中で、六全協の影響について次のように語っている。「六全協の波紋はそれだけでなく各個人の制作の態度を金しばりの制作方法から解き放つことになったと思うのです。六全協に対する検討は絶えずあったのですが結論がでなかったのですね。政治路線をすっと受けとれる立場の人達が集まっていたので政治ベースを芸術方法上の問題に切りかえしてゆけなくなつてしまったのです。こうして七年をもつて版画運動協会は一応のピリオドを打たなければならなくなりました。新居さんは郷里に、鈴木さんは益子焼に、中山さんはアンフォルメルへ、滝平さんは童画へとそれぞれ独自の方向に散つていくわけです」[27]。六全協の方針転換を受けて、政治に代わる新たな目標の設定を試みたが、結局それを見いだすことができず、集団を維持する求心力の低下に歯止めがかからなかったということである。同様の事態は、ルポルタージュ絵画運動を主導した青年美術家連合にも起こったと思われる。一時会員数が百六十名を超えていたにもかかわらず、一九五六年に活動を停止してしまうからだ。六全協の影響があったことは間違いないだろう。主体となる作家達が退場した以上、もはやルポルタージュ絵画運動を維持することはできない。こうしてムーブメントは唐突に幕を閉じることになったのだ。

ルポルタージュ絵画運動の歴史化を通した画家の抵抗

このような「自己批判」によって過去を一掃する忘却の動きに対して、ルポルタージュ絵画運動に積極的に関与していた桂川寛と中村宏は抵抗を試みる。ルポルタージュ絵画運動の盛衰を歴史化する作業を通して、その遺産を批判的に検証し、そこから自らの制作の課題を新たに抽出しようとした。安保闘争に揺れた一九六〇年に発表された二人の論考から、ルポルタージュ絵画運動の歴史化のプロセスで働いた力学を明らかにしたい。

まず桂川の反論に耳を傾けよう。桂川は先に引用した松本俊夫の批評を例に挙げながら「『テーマ主義』『公式主義』の名の下にこの時期の運動と作品とをすべて概念的に一しょくたにしているが、青年たちによる自主的ないわば下からの『ルポルタージュ運動』と天下りの『国民美術』のテーゼの影響による『テーマ主義』とは、少くとも作家の主体的意図においては、別のものである」と主張した[28]。過去にルポルタージュ絵画運動と呼ばれた画家たちの活動には二種類あったというのだ。ひとつは共産党の上からの指示を受けて展開した、画家の主体性を欠いた制作行為。これこそ「テーマ主義」の名のもとに断罪すべきものだという。もう一つは画家の自主的な活動であり、これを真正なる「ルポルタージュ運動」と呼ぶべきだ、と。桂川は、このような区分を設定することで、自らが組織した青年美術家連合と、その活動の成果を問うたマニフェストとしての展覧会「ニッポン展」の意義を救い出そうとしている。

中村宏はさらに舌鋒鋭く、六全協を境に起こった左翼美術の転回現象を批判する。共産党の方針転換が招いた党員美術家たちの動揺と混乱を冷ややかに観察しながら、モチーフの選択にかかわる表面的な議論にとどまって、リアリズムの変革という絵画が抱える本質的な問題を回避し続ける彼らの対応の仕方に見切りをつける。その結果、自然主義的リアリズムを更新できない新海覚雄、箕田源二郎、永井潔、本郷新ら日本美術会の指導的な立場にいた作家は批判の対象となり、他方で彼らを糾弾する側に立つ先鋭的な造形志向を掲げた桂川寛、尾藤豊、山下菊二、池田龍雄、河原温、利根山光人らが交流を深めてゆるやかな集団を形成しているとみなす。このように画家グループを二つに塗り分けるのだ。ただし、桂川と異なって中村は「ルポルタージュ絵画運動」を救出しようとはせず、「かつて、ルポルタージュ絵画運動があった。アバンガルド政治の一辺の資格をもつために、絵画はこの運動をしたのである」[29]と述べ、それは六全協とともに終焉したとする見解を示した。自らの仕事も含めて、政治に寄り添った「ルポルタージュ絵画運動」に別れを告げたのだ。中村はこの「挫折」を契機に、「ルポルタージュ絵画運動」の崩壊は造形的な創造性の欠如に起因するとみなし、物質としてのタブローのリアリティーを追求することを通して芸術の自律性の回復を志向していくのである。

このような桂川と中村による総括は有意義な作業であり、後年戦後美術史を編んでいく過程で彼らの史観が参照されたことはいうまでもない。だが彼らが語る「ルポルタージュ絵画運動」が排除している要素があることに注目したい。第一に、一九五〇年代前半の日本の状況を踏まえて社会的な事象の記録に活路を見出そうとしたルポルタージュ運動は、前衛的な作風の作家に限定されたものではなく、素朴なリアリズムを採用する作家や版画運動協会の作家なども含めた広がりをもっていたはずだ。しかし、六全協後に沸騰した日本美術会批判が過去に投影され、彼らの議論の進め方自体が党派性を帯びてしまっていることに気づく。すなわち素朴リアリズムとアヴァンギャルドが対立する図式を遡及的に設定し、前者を排除してしまうのだ。第二に、ルポルタージュ絵画運動を自己批判する過程で、「絵画」の自律性の回復を目指す方向に論点が絞られ、ルポルタージュ運動がそもそも掲げていた芸術と生活との一体化や、サークル運動を介した大衆との連携といった理念と実践が後景に退いてしまう。中村宏は「ルポルタージュ絵画運動」を乗り越える意図をもって「タブロー=絵画」の自律性を唱えたわけだが、それが結果的に、ルポルタージュ絵画運動が本来もっていた多様なメディアを駆使した実践を覆い隠してしまうのだ。次に引用する石子順造のドキュメンタリー論は、中村の論への応答として、まさにこの点を突いている。

社会がはげしく変動し、危険の防止が緊急であるような時期に、じっくりと作家が像の成熟にばかりふけってもおれないだろうと思う。まあスケッチブックをもってデモに出かけ、そこでちょいと描いてきて足りるというのならそれはそれですませられるだろうが、もし彼が作家という特殊な「精神の技師」であるのなら、そして芸術の社会的機能が必要なあらゆる手段と形式とを用いて大衆の幸福の獲得と進歩に資することでもあるのなら、ポスターや漫画などの一切の形式の中にだって独自な像の発見と定着を拒否する理由はあろうはずもなく、新たな内容に即した新たな形式の開拓への果敢な実験がくりかえされても当然であろう。タブロー形式はタブロー形式として、独自な像の発見、定着もあろうが、それだけがすべてであろうわけもなく、続発する政治的事実を積極的に打ち捉え、できるだけすみやかに広く伝達するという、本来のルポルタージュの目的にそった形式が、タブロー形式の一つの自己否定として追い求められてきてもよいはずなのである。(30)

4　おわりに　新旧二つの「ルポルタージュ絵画」

一九五〇年代の美術を語る際に使われる「ルポルタージュ絵画」というカテゴリーの混乱に決着をつけるという本論の目的は、これで概ね果たせただろう。

一九五〇年代という時代を反映しながら芸術の社会性を追求した美術家の実践としての「ルポルタージュ絵画運動」はその呼称とともに存在していたし、そこで生み出された作品を「ルポルタージュ絵画」と呼ぶ用例も当時の文献から確認できた。論者によって「ルポルタージュ美術」、「ルポルタージュ運動」という用語が採用されることもあったが、これらの用語の差異はそれほど明確ではない。複数のメディアを駆使することを積極的に推進していたルポルタージュ運動の中で、絵画という媒体にとりわけ意識を向けたい場合に「ルポルタージュ絵画」が使われた可能性が高い。ただし一九五〇年代前半における「ルポルタージュ絵画運動」とは、青年美術家連合や前衛美術会所属の画家たちによる「新しいリアリズム」の作品のみならず、日本美術会所属の画家たちによる自然主義的なリアリズムや、

図3　箕田源二郎《内灘試射場》1954年　日本共産党中央委員会蔵

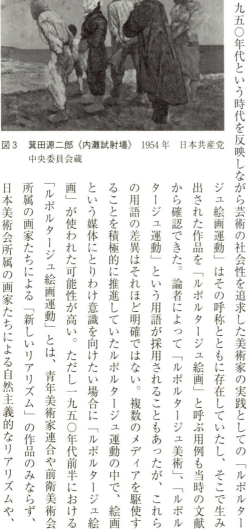

サークル運動に伴うアマチュアの仕事までをも包含する概念であったことをあらためて確認しておきたい。そして、当時の議論をふまえれば、このルポルタージュ絵画運動は六全協とともに自己批判の対象となって終息した動向とみなすべきである。

ではなぜ、中村宏展、池田龍雄展のいずれもが、一九五〇年代前半の用例には目をつぶり、近年になって登場したという「ルポルタージュ絵画」というカテゴリーを歴史記述に採用したのであろうか。ポイントは「ルポルタージュ絵画運動」から「運動」という語が脱落していることにある。「運動」という言葉に伴う政治優位のニュアンスを消去し、そのうえで絵画の自律性を強調しようという狙いがそこには潜んでいる。この新生のカテゴリーは、ルポルタージュ絵画運動を、絵画における「新しいリアリズム」を追求したアヴァンギャルド画家の営為に還元して、美術史の中に位置づけようという意図のもとに後の時代が創造したものである。だから、一九五〇年代前半の「ルポルタージュ絵画」という用例とは別物なのだ。そこに日本美術会の素朴なリアリズム絵画や（図3）、版画運動の木版画や、アマチュアの作品が入り込む余地はないのである。いや、それ以上に、このカテゴリーが無意識的に封印してしまうのは、ルポルタージュ絵画運動と日本共産党の文化政策との密接な関係や、六全協の方針転換によって運動が脆くも瓦解したという負の記憶、さらに六全協のインパクトによってかき消されてしまった運動体の初発の理念そのものではないだろうか。

では、このようなタブロー中心主義的な「ルポルタージュ絵画」というカテゴリーの限界を超えて、五〇年代の前半から後半にかけての美術のダイナミックな変容の過程を捉え直すもうひとつ別の視座はどのように確保できるのだろうか。先に引用した石子順造のエッセーがそのヒントを与えてくれる。すなわち、六全協によって文化運動の理念自体が完全に潰えたわけではなく、五〇年代後半から六〇年代初頭にかけて、美術というジャンルにおいても運動の立て直しが模索されていたということだ。そこでは、絵画という既存の表現方法に代わって、ポスターや漫画など複製技術を利用した媒体に期待が寄せられていたことがわかる。「ルポルタージュ美術運動」も複製メディアを活用したが、ここでは、旧弊なリアリズムを乗り越える「新たな形式の開拓」が要請されていた。経済成長と軌を一にするマス・コミ時代の到来を背景にした複製芸術の普及を条件として、芸術の新たな社会的な機能が追求されたのである。石子は自らのエッセーを「美術における方法としてのドキュメンタリー」と題したが、「ルポルタージュ」から「ドキュメンタリー」へと時代を映し出すリアリズムのキーワードが移り変わったことに注目したい。その変化の相貌を、絵画と複製芸術との関係や、美術と他ジャンルの交流という観点から分析することで、タブローを相対化していく新たな視覚文化の広がりが見えてくるのではないだろうか。

（1）その他重要な文献として、西本匡伸「リアリズムとアヴァンガルドの50年代美術」『戦後文化の軌跡』朝日新聞社、一九九五年、山田諭「戦後日本のリアリズムについて―新しい世紀の日本美術のために」、『戦後日本のリアリズム１９４５―１９６０』戦後日本のリアリズム展実行委員会、一九九八年、桂川寛『廃墟の前衛―回想の戦後美術』一葉社、二〇〇四年、ジャスティン・ジェスティー（中島泉訳）「倫理の痕跡　1950年代ルポルタージュ―運動の社会的美学」一～四、『あいだ』一四一号、一四三号、一四四号、一四五号に連載、各二〇〇七年十月、二〇〇七年十二月、二〇〇八年一月、二〇〇八年二月がある。

（2）川浪千鶴による章解説「青年美術家連合とルポルタージュ絵画」、『池田龍雄―アヴァンギャルドの軌跡』池田龍雄展実行委員会、二〇一〇年、一四六頁

（3）川浪千鶴「池田龍雄と「石炭・炭鉱」をめぐる作品群―ルポルタージュ絵画の展開として」同上、一九五頁

（4）山田諭「1　1950年代「ルポルタージュ絵画」の展開」、東京都現代美術館編『中村宏：図画事件1953―2007』東京新聞、二〇〇七年、三七頁

（5）例えば、最近のルポルタージュ絵画研究の成果である、萩原めぐみ「ルポルタージュ絵画が描いた基地闘争―2つの暴力の前景化」『東京大学大学院情報学環紀要　情報学研究』九〇号、二〇一六年

（6）池田龍雄「絵画におけるルポルタージュの問題」『今日の美術』二号、一九五三年五―六月、前掲『池田龍雄―アヴァンギャルドの軌跡』に再録、一七三頁

（7）桂川寛「昂揚と没落の世代（1950―1955）―ルポルタージュ運動と戦後アヴァンギャルド」『形象』四号、一九六〇年六月、十五頁

（8）同上、十五頁

（9）同上、十二頁

（10）「プロレタリア美術運動史資料（3）―日本版画運動協会（その2）」『形象』七号、一九六三年二月、四一頁

（11）アピール文の内容は以下の通り。「再び平和をおびやかす暗雲が私たちの頭上におおいかぶさり、その中で全ての自由が次々に奪い去られようとしている。…（中略）…いま新しい創造への意慾と情熱をもつ私たち青年美術家は平和と自由と、それらにうらずけられたリアリティを目指して団結し、われわれの創造

を阻害する一切の存在に対して斗おうとしている」。前掲『戦後日本のリアリズム1945―1960』に再録、六六頁

(12) 桂川寛「『集団としての美術家』はなにをなすべきか?」『今日の美術』一号初出、のち桂川寛『廃墟の前衛』一葉社、二〇〇四年に引用、一五五―一五六頁

(13) 前衛美術会「〝ニッポン展〟の今後のあり方について」一九五三年、前掲『戦後日本のリアリズム1945―1960』に再録、六七頁

(14) 瀧口修造「ニッポン展小感」『今日の美術』三号、一九五三年七―八月号、十三頁

(15) 勅使河原宏「〝ニッポン〟展を終えて」『美術批評』二十号、一九五三年八月、十九頁

(16) 針生一郎「記録性」『美術批評』三七号、一九五五年一月、五五頁

(17) 同上、五二―五三頁

(18) 同上、五七頁

(19) 同上、五八頁

(20) 安東仁兵衛『戦後日本共産党私記』文春文庫、二一三頁

(21) 「日本アンデパンダン展の創作問題」『美術運動』五三号、一九五七年四月十五日、十二頁

(22) 同上、十二頁

(23) 同上、二三頁

(24) 毛利ユリ「戦后左翼美術の一般的状況」『形象』四号、一九六〇年六月、三七頁

(25) 松本俊夫「日本の現代美術とレアリテの条件」『美術運動』五七号、一九五九年二月十五日、十一―十二頁

(26) 針生一郎「戦後美術の再検討のために」『美術運動』五三号、一九五七年四月十五日、二一頁

(27) 上野誠・編集部「プロレタリア美術運動史資料(一)」『形象』五号、一九六二年三月、二九頁

(28) 桂川寛「昂揚と没落の世代(1950―1955)―ルポルタージュ運動と戦後アヴァンギャルド」、前掲、

二二頁
(29) 中村宏「契機として」『批評運動』十四号、一九五七年八月十五日、八頁
(30) 石子順造「美術における方法としてのドキュメンタリー」『美術運動』六〇号、一九六一年二月十五日、二四頁

第3章　二つの「戦後」文化運動
——詩画人四國五郎の軌跡

川口隆行

四國五郎『わが青春の記録』私家版、一九四九年末〜五〇年

1　サークル誌『われらの詩』復刻から四國五郎との「出会い」なおし

論者はこれまで、原爆文学研究を進める一方で、それとも関連させながら戦後広島のサークル誌の調査・研究に取り組んできた。宇野田尚哉とともに解説を付して『われらの詩《うた》』復刻をおこない（三人社、二〇一三年）、後継誌とされる『われらのうた』についても論じている（山本昭宏との共著「『われらのうた』総目次」『原爆文学研究』一〇号、二〇一一年一二月、「被爆地広島のサークル詩誌の軌跡――『われらの詩』から『われらのうた』へ」宇野田尚哉ほか編『「サークルの時代」を読む――戦後文化運動研究への招待』影書房、二〇一六年）。とりわけ『われらの詩』は、『原爆詩集』（青木文庫、一九五二年）で知られる峠三吉が中心となった雑誌であるが、サークル運動研究の意義は彼のようなビックネームに光をあてるだけにはない。戦後広島のサークル運動研究を進める中であらためて重要性に気づかされた人物の一人として、四國五郎（一九二四年～二〇一四年）の存在が挙げられる。

まず、四国の略歴を述べておこう。一九二四年に広島県椹梨《くわなし》村椋梨（現三原市大和町）の貧しい農家に、男ばかりの五人兄弟の三男として生まれた。小学生のときに家族で広島市内に転居、絵描きになるのが夢であったが、家庭の経済的事情のため専門教育を受けられず独学で絵を学んだ。一五歳の時に、広島陸軍被服廠に就職、製靴などの仕事の傍ら工場内のポスター制作なども行う。四四年に徴兵、満洲の琿春で関東軍に入隊、翌年ソビエトの捕虜となり収容所に送られた。四八年一一月に舞鶴に復員、広島に帰郷した。四九年一一月には、峠たちとともにわれらの詩の会に参加、詩を発表するとともに『われらの詩』や『われらのうた』のほとんどの号において表紙絵を担当している。ガリ版『原爆詩集』（われらの詩の会、新日本文学会広島支部、一九五一年）の表紙と見返し絵も手掛けている。全国的には『おこりじぞう』（文・山口勇子、金の星社、一九七九年）や『ムッちゃん』（文・中井正文、山口書店、一九八二年）など後年の原爆を題材とした絵本で知られた四國であるが、市役所に勤務しながら戦後一貫して広島に在住した。五五年からはアンデパンダン方式の「広島平和美術展」を第一回原水禁世界大会に協賛する形で開催、事務局長や会長を歴任した。毎年夏の平和美術展には生涯のテーマとした「母子像」シリーズなどの油彩画を発表、七〇年頃からは広島の隅々を歩いて町の風景をスケッチして残した。そのほかにも平和団体や労働団体から頼まれたポスターやカレンダー、各種出版物の表紙、挿画なども幅広く手掛け、広島市民にとってはその画風とともに大変なじみのある人物であった[1]。

一方、わかりやすい画風や既成美術の枠に収まらない幅広い活動ゆえに、四國の表現活動はこれまで「正当に」評価されてきたわけではなかった。批判的に見る者は四國の絵は平和運動の道具にすぎないとし、四國自身も自分の絵は反戦平和のためのものであって売り物ではないと語って、油彩画、水彩画、スケッチ類を一切売らなかった。画廊で取引きされることもなければ、美術館に所蔵されることもなかった膨大な作品は、彼の逝去後、旧自宅兼アトリエに残されたままとなっている。作品だけではない。彼自身の来歴や広島の戦後史に関わるさまざまな種類の資料も多く残されている。その中には、数十年に渡る日記、飯盒や外套や軍靴と一緒にシベリアから持ち帰ったタテ五・五センチ、ヨコ八センチの豆日記、生誕から四九年春までの日々を絵と文でまとめた『わが青春の記録』（私家版、一九四九年末～五〇年、三人社、二〇一七年）と題する約千頁にも及ぶ自叙伝風の画文集も含まれている。

現在こうした作品や資料の数々は遺族や地元関係者によって地道に整理が進められ、作業と並行して回顧展が何度か開催されてきた。二〇一六年夏には、埼玉県東松山市にある原爆の図丸木美術館において、関東圏ではじめてとなる全時期の作品を網羅した大規模な展覧会『四國五郎展――シベリア抑留から『おこりじぞう』まで』も開催された。永田浩三による評伝『ヒロシマを伝える　詩画人・四國五郎と原爆の表現者たち』（WAVE出版、二〇一六年）が出版されたのもこの頃である。論者も四國との「出会い」なおしを通して、彼が残した膨大な作品や資料の整理や分析をほかの関係資料とつきあわせながら進めている途上である。本論はそうした作業の経過報告という意味合いが強いが、現在とりわけ関心があるのは四國が経験した二つの「戦後」文化運動の問題である。その一つが一九五〇年代前半における広島の文化運動であるのはすでに理解されるとして、もう一つは、それに遡る四〇年代後半のシベリア抑留で経験した民主運動を意味する。

これまでこの時期の四國については、「シベリアにおける「重労働と餓えと寒さ」を乗り越えて引き揚げた後、仲の良かった弟の被爆死を知って反戦平和に尽くす決意をした」といった内容で語られてきた。(2) 四國がシベリアで生死の境をさまよったのは事実であり、肉親を原爆で奪われたことが彼の人生に大きな影響をもたらしたことも疑えない。しかしながら、半ば定式化された語りについては、再検証の余地も十分あると考えている。まず、四國にとってシベリア時代とは、「重労働と餓えと寒さ」という物語に還元されるものではなく、民主運動への積極的な参加という事柄を抜きにしては語ることができないからである。またそれは彼自身が記録や証言を残しているにもかかわらず、多くの人が深く立ち入ることを避けた話題でもあった。

そもそも、近年優れた業績を輩出しているシベリア抑留史研究においても、シベリア抑留における民主運動については、あまり議論が進んでいないのが現状である。民主運動を否定する側からはソビエトによる思想教育、洗脳教育という側面が強調され、上からのイデオロギーの押し付けがなされた運動と片付けられてきた。反対に、特に初期の民主運動をとりあげて日本軍隊の秩序への批判＝反軍国主義闘争という側面を強調し、下からの自主性を主張する場合もあった。上からの押しつけか、下からの意志かという議論は早くから存在したが、冷戦のイデオロギー対立を引きずったこうした図式は現在も変わっていない。加えて言えば、五〇年代半ばのスターリン批判、さらには八〇年代後半のソビエト崩壊という状況が、民主運動の経験を時には語ることすら抑圧したとも言えよう。「重労働と餓えと寒さ」を軸に紡がれるシベリア抑留の物語は、戦争被害者としての「日本人」という戦後日本のナショナルな物語に合致し、民主運動の経験はそうした物語からはみだす過剰さゆえに忌避されたとも考えられる。いずれにせよ、冷戦期のイデオロギー対立のもと、洗脳かそうでないのかという枠組みでしか理解されなかった民主運動について細かな時期や場所、個人差などにも考慮しながら、新たな枠組みのもと議論を開く必要があるだろう。話は飛躍するが、最近話題となった本に和田春樹『スターリン批判　1953～56』（平凡社、二〇一六年）があるが、この本の登場が象徴するように、私たちはようやく二十世紀の「共産主義」や「社会主義」の経験を歴史化する段階に来ているようにも思う。

さらにいえば、四國について、「シベリアにおける「重労働と餓えと寒さ」を乗り越えて引き揚げた後、仲の良かった弟の被爆死を知って反戦平和に尽くす決意をした」という定式化された語りからは、シベリアでの民主運動と広島のサークル運動のつながりが――展開や断絶といった問題をふくめて――見落とされてしまうだろう。先走って言えば、四國が広島で行った表現活動の数々の原型は、シベリア時代に獲得したものであった。こうした問題は、四國五郎個人の人生をどう語るかという問題である以上に、やはり四〇年代後半から五〇年代前半にかけての表現と運動の問題について、今後どのようなことを考えて議論すればよいのかという課題にも広がるだろう。二〇〇〇年代以降、大きく進展した戦後文化運動研究の今後の課題として、戦前のプロレタリア文化運動との連続性を問題化する必要もすでに指摘されている(3)。また坪井秀人は、研究動向を整理するシンポジウムにおいて、戦時中のアメリカ合衆国での日系移民や敗戦後の旧満州における「留用」日本人が作っていた雑誌といった、いわゆる「収容所文学」とサークル誌との位置づけをどのように考えるのかという問題提起を行っている(4)。それは戦後文化運動という研究領域の設定に関わる指摘であるとともに、「戦後」という時代やエリアそのものへの重要な問いでもある。シベリアという「外地」における収容所での「戦後」は、同時期の「内地」における「戦後」とどのように関わるのか。それを問うことは、戦後文化運動研究の新たな領域を拓くことでもあり、そのことを通して様々な「戦後」の様態の理解、戦後史の相対化にも貢献するに違いない(5)。

風呂敷を大きく広げてみたものの、本論では民主運動の全体的な評価、それと戦後サークル運動との関係の総体的な位置づけまでたどりつくのは難しいだろう。まずは、四國という個人の表現と運動の軌跡をたどりながら、シベリアと広島の二つの「戦後」の光景の一端を述べるところから始めたい。

2　四國にとってのシベリアの民主運動

四國のシベリア抑留を時期的に区分すると、(A)ハバロフスク地方第五収容所のホルモリン(フルムリ)地区の捕虜収容所時代(一九四五年一〇月～四六年三月)、(B)ホルモリン地区のゴーリン病院時代(四六年三月～四七年七月)、そしてホルモリンの中途集結地を経て(四七年七月～九月)、(C)ナホトカ集結地時代(四七年九月～四八年一一月)となる。四國にとってのシベリア経験を考える場合、先に触れた『わが青春の記録』は決定的に重要であるが、「重労働と餓えと寒さ」といった物語が語られるのは、(A)の時代に限定され、分量的にはシベリア時代全体の十分の一にすぎない。(A)で語られる内容は、道路補修、森林伐採、鉄道建設などの強制労働、乏しい食事や寒さによって次第に体調を崩していく様子、兵隊たちが隣の人間から食料を盗み、あるいは盗まれまいと互いを監視し、さらにそうした兵隊たちの食糧を将校がピンハネするといった、「餓鬼の地獄変奏の図」「地獄変の絵巻」である。[6] しかしながら、『わが青春の記録』を特徴づけるのは、そうした地獄さながらの光景から脱し、民主運動、文化運動の担い手として自己を確立する(B)(C)の時代だろう。

富田武は、日本人捕虜収容所における政治教育の流れについて、「①『日本新聞』が配布され(一九四五年九月一五日創刊）、②その読書会が「日本新聞友の会」として組織された（四六年五月二五日号が呼びかけ）。③そこからアクチヴが育成され、講習を受けて民主グループを各分所に設立し（四七年春）、④そこを基盤に反ファシスト委員会が選挙された（四八年二―三月）」と整理している。[7] ①が四國の（A）の時代に、②から③が四國の（B）の時代に、③から④が四國の（C）の時代に相当する。そういう意味では、四國の活動は、日本人捕虜収容所の政治教育の一般的な流れにあるわけだが、ここでは『わが青春の記録』の叙述内容を整理するかたちで、表現と運動の問題を考えていくことにする。

表現を獲得する歓び

凍傷や栄養失調によって倒れた四國はゴーリン病院に移送され、数日間生死の境をさまよう。奇跡的な回復を遂げたのち、絵の能力を買われた四國は、病院内の作画業務に従事、民主運動にも参加するようになる。きっかけとなったのは、当時ハバロフスク市で発行されていた『日本新聞』であった。『日本新聞』の熱心な読者となった四國は、病院内につくられた「日本新聞友の会」のメンバーの一人となる。先ほど触れた富田の指摘のように、この時期、ハバロフスク地区を中心とした各収容所において「友の会」が結成されるようになっていた。「友の会」は勉強会を通して民主運動の中心的存在となり、四國は表現活動の側面からそれを促進するようになる。次の引用は、病院で『日本新聞』を読みはじめるようになった頃のものである。

一週間に一度ばかりタブロイド型の日本新聞が配られて来る。お、活字！　それには日本事情も載せられている。戦犯追放！　ポツダム宣言！　渉外局？　人民？　デモクラシイ？　新聞は呆けた頭に考えることを要求する。こわれた時計をたんねんにくみたて、ゆくように頭の中は少しずつ整理され考える力が出てくる。私は数度死を経験した。倖せなことにまた生きてゆける。世の中の本質をつかまねばならぬ。知らねばならぬ。なにもかも知らねばならぬ。ソヴエトの人たちが民族のちがう吾々になぜにこんなに親切なかも知らねばならぬ。

四國は、病院に移送される前に目にした『日本新聞』については、「思考力は既に奪われてしまってただその新聞の活字が日本文字であることの懐かしさとその内容に対して根據のない反発がわずかに残るのみ」と言及している。大きな変化である。自分を治療し、介抱してくれた医者や看護婦に対する素朴な感謝の念をきっかけにソ連を理解したいという態度――それは次第に共産主義、社会主義の学習へと発展していった――が芽生えたが、同時にそこには『日本新聞』を通して伝えられる日本の戦後の変革に遅れまいとする姿もうかがえよう。民主運動の一環として「友の会」では壁新聞（『新生』、第三号からは『推進』）づくりを行い、天皇や資本主義をテーマとした第四号では、俳句や短歌、自由詩などとともに「狂信者」と題した四國のマンガも掲載された。「狂信者」は、「絵の一番上に現人神が鎮座しておりその周囲に軍財閥地主が酒肴を盛りあげて飲み食いしており弗の袋がつみ重ねられ四メ縄が張られている。その下の方で戦災者、引揚者、孤児、労働者や百姓がやせ細って倒れながらも手をあわせて現人神を拝んでいる」といったものであった。四國はこの「狂信者」を「私にとって快心の作」「私の絵が社会的問題を捉えて放った第一作」と述べるが、こうしたテーマも『日本新聞』の情報にもとづいているのだろう。

四國を含めた「友の会」のメンバーは、病院内の演芸大会における芝居にも熱心に取り組むようになる。最初の演芸会の演目は、国定忠治のような股旅物や愛染かつらのようなメロドラマであったが、次にはより民主化にふさわしい内容にすべくメンバーで話し合いながら筋をつくった『愛の勝利』（封建的な親父の勧める結婚を蹴って愛人と結婚する娘の話）という芝居を上演する。[8] さらに劇団を結成し、四國が台本を担当した『板橋事件』（「板橋事件」をヒントにした話）、[9]『幽霊大いに怒る』（戦争で玉砕して靖国神社に祭られた英霊が、政治家やブルジョワの堕落に憤慨して登場するというブラックコメディ）、『闇の花』（復員して日本に帰ったら恋人が売春婦になっていたという話）を上演する。劇団は「友の会」の重要な活動となるが、四國は台本を書くにあたって、「『日本新聞』に報ぜられる日本事情のニュースの中から極めてドラマチックなものをピックアップしてシナリオとする方法」を採用した。

富田は、『日本新聞』を読む会や壁新聞の作成といった活動が活発化するのは「捕虜が日本語に、また、政治的に歪められていたとはいえ祖国の情報に「飢えていた」から」だと述べるとともに、「多くの初等教育の機会にさえ恵まれなかった農村出身兵士にとっては、初めての識字教育の場であり、学びの機会でもあった」と指摘している。[10] 四国が『わが青春の記録』で強調しているのは、それまでの日本での生活や軍隊生活において表現とほとんど無縁であった人々が表現に触れる、さらには自ら表現する主体となることへの歓びであろう。四國は、上記三作の芝居を上演した推進劇団の第一回公演について、「脚本のミジュクと演者のイデオロギーの喰いちがいはトンチンカンなところも続出したが――省略――情熱と何ら演劇などからかけはなれていたと云う生活の乾燥から来る吸引力は大きくてみんなに大きなカンメイを与え」たと述べている。また、『帰雁』という文芸誌の編集にも携わって、その経験を次のように述べている。

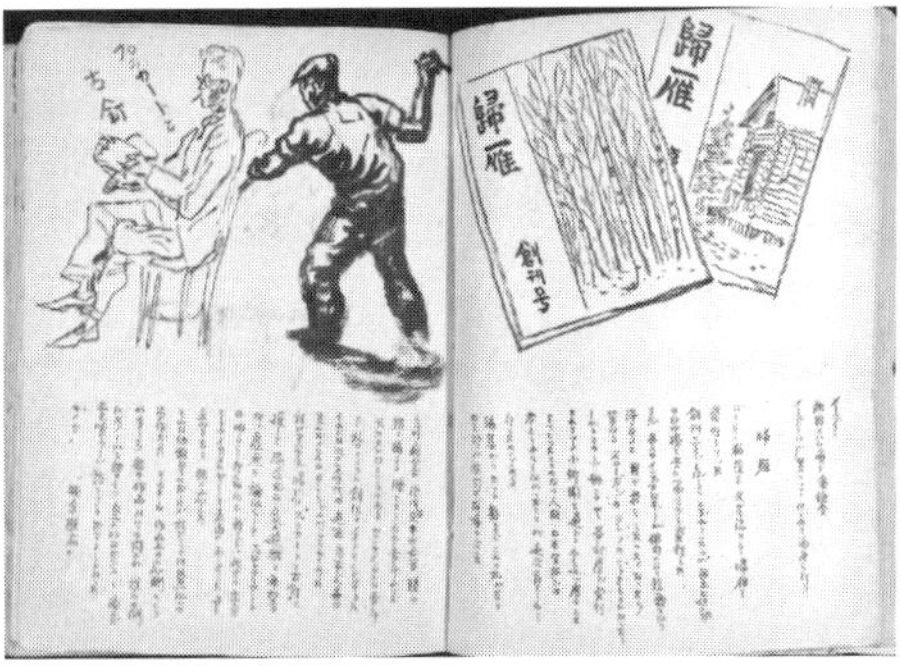

図1　四國五郎『わが青春の記録』（私家版）から『帰雁』の表紙イラストのページ

> 創刊号でしばらくとぎれていたのが民主化運動の昂揚とともに第2号を発行した。
> まだ各人のイデオロギーが俳句となり短歌となり詩となると月や花も歌いたくなったり　単なるスローガンのラレツのごときものになった。しかしこの小冊子や各部屋で発行されている小新聞を通じていままで一度もうたをつくったことのない人間・日本軍隊では考えられもしなかったことが次々育てられて行ったのである。
> 編集からカット製までこれに私が当り星野が俳句の指導に当った。

ゴーリン病院時代の叙述の最初には、民主運動の主体である「友の会」に対して、「山下准尉」という「天皇制軍隊のシステム」の象徴が登場するが、敵役であった「山下准尉」は壁新聞や演劇といった民主運動の推進にともなって早々に影をひそめる。生き生きとした表現活動の叙述を中心に、時折「友の会」が発展した「推進会」の大衆からの分離への反省、新規入院患者に対する官僚的態度への批判といった運動内部への捉え返しが何度か挿入されている。もちろんそうした経験、叙述の背景には、病院にいるという条件も大きかったはずだ。つまり人数もさほど多くなく、各所からの入院患者を中心とした寄せ集めの入所者たちには、そもそも旧軍隊の上下関係が強く引き継がれておらず、将校による運動に対する強い弾圧やそれへの対抗の必要もなかったのであろう。また、病院ゆえに労働そのものも過度なものでなかったということもある。四國は、こうした恵まれた条件の下、表現の自由を体感しながら「アクチヴ」となったのだ。

「学びの場」「異文化交流の場」としてのシベリア抑留

四國は、ゴーリン病院を出た後、ホルモリンの中途集結地で二か月ほど過ごし、一九四七年九月にはナホトカ最終集結地に到着するが、帰国予定を変更して帰国者の世話係としてナホトカに残留した。ナホトカでは、民主グループ宣伝部員として、ポスターや壁新聞、紙芝居、野外劇場づくりやペンキ塗り、所内の美化（花壇やアーチ作り）を仕事として担当する。ほかにも『海つばめ』という文芸誌や『同志』という民主グループの機関誌を編集、朗読詩の作詩、演芸大会でのシュプレヒコールなどの文化運動に従事している。

ナホトカでの活動は、ゴーリン病院の延長とも言えるが、宣伝部には四國のほかにも絵を描くのが三人、ほかにも壁新聞の原稿やスローガンを考えるのが一人、文字を書いたりポスター張りをするのが二人と、スタッフが充実していた。四國は「入ソ以来ずっと独人でかきつづけていた私はこんな雰囲気のなかで生活することは非常なよろこびであり強い刺激となって絵をかきたい欲求にとらわれた」、「私の絵に対する批判が次々と受けられ　互いにデッサンの練習も出来　毎日かなり充分な材料で仕事が出来ると云うことは実に素晴らしいことだった」と述べている。宣伝部長で絵を描いていた川崎透という人物は台湾生まれの「湾生」で、学校の校長経験者だったという。また、四國がナホトカに到着する前に、『日本新聞』の仕事をするためにハバロフスクに移った久米宏一についても多く言及している。

彼ののこしている作品やエッセイのようなものでも大変私には参考になった。彼は元プロレタリア美術に参加して活動していた男であり特に中国の木版のことなどについては相当くわしいもののようだった。非合法時代の経験をもつのでその画面は否定的面の強さが目立ってそれが一見くらい感じさえもっていたがしかしそのデッサンの強さは一寸まねのできないものがあった。私はその中からプロレタリア美術とはいかにあるべきか民主主義レアリズムのあり方について毎日探究をつゞけた。

久米は、プロレタリア漫画雑誌『カリカレ』（一九三八年～四一年）の創刊メンバーであり、『カリカレ』廃刊後は大陸に渡って『北京漫画』（四十年～四三年）に参加している。(11) 戦前戦中に活躍した久米の影響を、間接的にではあるがシベリアの収容所で受けていることは興味深い。四國と久米はシベリア時代には直接会うことはなかったようだが、後年二人には交流があったという。(12)

四國が学んだのは、戦前から続くプロレタリア芸術運動ばかりではない。四國にとってシベリアの収容所は異文化との出会い、交流の場でもあった。ゴーリン病院では、ソ連の宿舎にクリスマスの映画会に招待されたこと、ほかにもダンスやオペラ、歌などをクラブでみたことなどが述べられており、それらは日本の生活で知ることのなかった開放的な明るさに満ちたものとして四國の眼に映っている。また、四國は、病院内における二人のロシア人の絵描きとの出会いについても語っている。いつも「私と同じく似顔絵やスケッチをしていた」「白髪頭の無口な四十過ぎ」の男と、「スラブ人らしい立派な体格」で「東南欧人によく見る黒い眉をしていた」「二十四歳」の男。前者の描く絵には「北欧的なつめたくも重厚な感受」といったみずからの絵との異質性を見出し、後者の絵は「幼稚」であるが前者同様に「情熱」はすばらしいと評価する。四國とも年の近い「二十四歳」の男が、学校に行くことができなかったが将来すばらしい美術家になってみせると語ったというエピソードもあって、それには四國自身の思いも託されているように読める。ナホトカにおいては、上海付近から引き揚げてきた白系ロシア人のグループのもとに出かけ、彼らを観察し、スケッチしたエピソードも描かれている。(13)

四國は『わが青春の記録』では、立派な民主主義者として日本人を無事に送り返す業務に携わるためにナホトカに残留を決めたと説明されるが、晩年の回想をみるとそれだけが理由ではないことも想像される。

ナホトカまで来たらちょうど台風の過ぎた後で、収容所の天幕が半分やぶれてたり、野外劇場がばらばらになったりしてるんですよ。だれか残って絵を書いたりして整備してくれる者はいないかと募集している。台風の後の砂浜で一晩明かして海を見てたら、私は帰りたくなくなったんですね。この海を越えれば日本に帰れる。しかし帰ってしまえば外国へ行くということは二度とできんはずだと考えて。大陸の鉄道線路を西へ西へと行くとポーランドからドイツを抜けてパリまで続いているんだと思うと、ここで帰ったら何か取り返しのつかん物をそのまま置いて帰るような気がしましてね。残って整理作業をやると申し出たんです。(14)

晩年の解釈ということもあるだろうが、『わが青春の記録』にも日本の生活では経験しえなかった未知の文化との出会い、異文化への期待といったものが全体を通して散りばめられているのは確かである。ナホトカでの生活は文化運動の充実が描かれる一方で、後半になるとつるし上げなどの民主運動の過激化に手を焼く姿やソ連側との意見の相違についての記述も散見されるようになる。そのほとんどは民主運動やソ連の正当性を疑うものではなく直接的な批判は避けられているのだが、例外的に目立っているのが、ソ連側の担当者との衝突が表現上の問題として語られた箇所であろう。

私らがソ同盟人の好む色彩感覚には同調出来ないものがあるように日本人的な感覚はソヴエト人には穢いものとしてうつる。

それは封建的な帝国主義の人間と社会主義の中で生れ育った人の相違なのだからいたしかたがない。しかし日本人の民族的このみと云うものがある。これは尊重さるべきものである。そうして現在の段階に於てラーゲルを単にソ同盟人のこのみの色彩形態で飾ることは対照が日本人である限り正しくないと云う私の意見である。

それと同時にソヴエトの徹底したレアリズム、一分一厘もゆるがせにしない写実的な描写の絵画からみれば私の絵はおそろしくデホルメされた…中略…ものでありことごとくこれをコクメイな描写にかえるように何度もくりかえししつこく要求されたことによるものである。私はときには絵かきとしての感覚は全部否定されたも同じことである。私の個性を抜き取りたゞ写真屋をやらせるならばそれならばフオト・グラフを貼ってまにあわせればよいではないかと私は云った。

「民族的このみ」と言ったり、「私の個性」「絵かきとしての感覚」と言ったりしているが、いずれにせよ社会主義（レアリズム）の正しさを認めながらも、それを根拠にした一方的な表現の押しつけ、画一化に強い違和感を表している。『わが青春の記録』に見られる四國の態度は優秀な「アクチヴ」そのものなのだが、イデオロギーにこわばりきった姿はあまり見られない。それはこうした、思想＝運動を表現において追認するだけではなく、表現を通して思想＝運動を自分なりに掘り下げようとする姿勢があったからではなかろうか。

『わが青春の記録』と同時期に刊行された高杉一郎『極光のかげに──シベリア俘虜記』（目黒書店、一九五〇年）は、天皇制軍隊とスターリン体制のシベリア収容所の相似性を早くに見抜いた書物である。高杉の鋭い視線は、民主運動について「社会主義をパンフレットのなかにではなく、生活のなかに体験したという事実」を見据えようともするのだが[15]、その事実の意味を具体的に考えることはあまりなく、悲劇の茶番劇ととらえるにとどまっている。ロシア民衆との交流から生まれた共感を強調するのに比べても、民主運動の参加者には冷静というべきかむしろ冷淡な印象は否めない。一方、『わが青春の記録』には高杉のような鋭さ──ソ連によるに日本人抑留が国際法違反であるといった認識──は存在しない。しかしながら、そこには高杉が捉えようとしながらも十分にはとらえきれなかった「社会主義をパンフレットのなかにではなく、生活のなかに体験したという事実」が生き生きと描かれているとも言えよう。すくなくとも、四國五郎にとってゴーリン病院移送後、さらにはナホトカ集結地で民主運動に参加するプロセスとは、ソ連からの働きかけもあったにせよ、なぜ自分たちが戦争に引き出されたのかという彼なりの解答があったはずだ。それは多分にイデオロギー的であったにせよ、旧日本軍の組織を作り直さねばならないという切実な認識があって、それは表現の獲得という歓びと分かちがたく結びついていたのである。

3　四國五郎と五〇年代広島のサークル運動

『わが青春の記録』の叙述内容を整理するかたちで、四國のシベリアにおける民主運動について述べてきた。だが、この自叙伝風の絵日記を考える場合、それが叙述された一九四九年末から五〇年という時期も考慮に入れる必要があるだろう。『わが青春の記録』の内容は、復員後広島に帰郷して弟の被爆死を知って衝撃をうけたのち、一九四九年五月一二日に開催された「第五回国会参議院在外同胞引揚問題に関する特別委員会」(以後、引揚げ特別委員会と略す)に参考人招致されるまでが語られている。[16] 四國が呼ばれたのは、日本共産党側の証人として、「人民裁判」とネーミングされたナホトカでの将校たちの暴力行為糾弾について証言するためであった。『わが青春の記録』をみると、引揚げ特別委員会の前々日に上京、ソ連帰還者生活擁護同盟(ソ帰同)や日本共産党本部に顔をだし、「証言のしかたなどよく協議」して「決戦の日」に挑んだ情景が確認できる。

広島では、翌月に日本製鋼広島製作所での大規模労働争議(日鋼広島争議)が勃発、四國も争議のポスターを描いている(六月一八日開催の人民大会告知)。日鋼争議を経て広島の労働運動・文化運動は左右に分裂、左派の労働者や文化人を結集することを目的として峠三吉を中心としたわれらの詩の会が結成され、『われらの詩』が創刊されるのが同年一一月のことである。『わが青春の記録』の冒頭近くには、「ある文化人の集まりに出席してひとつのささやかな詩の本を月刊で出そうということになりさて私も一つ二つの詩をつくることを引きうけたのだがいざ書こうとするとさっぱり出来ない。詩をつくる才能云々と云う問題でなくて実際ものを書くということが最近の私の生活にはなかったのである。絵にしても同じことで」といった記述がある。「ささやかな詩の本」とは『われらの詩』のことを意味している。つまり『わが青春の記録』という自叙伝風の絵日記は、広島のサークル運動に参画するために、みずからの来歴を振り返り、確認するために執筆、制作されたものでもある。ここでは、四國がわれらの詩の会で取り組んだ活動のうち辻詩・壁詩の運動に焦点化して、その活動の意義を述べたい。辻詩・壁詩は、シベリア時代に学んだ数々の表現活動のうち、壁新聞やポスター、あるいは紙芝居といったような、絵と文字を組み合わせた表現方法の延長にあると考えられるからだ。

辻詩・壁詩の運動の流れ

われらの詩の会は、『われらの詩』という詩誌を発行するだけでなく、詩と絵を組み合わせた作品を街頭に展示する辻詩・壁詩や、朗読・群読・シュプレヒコールといった活動に積極的に取り組んだ。こうした運動がもっとも盛んであったのは、ストックホルム・アピール署名、朝鮮戦争開戦前後といった一九五〇年春から秋にかけてのことであった。

『われらの詩』の誌面でそのことを確認すると、第四号（一九五〇年三月）「事務局報告」には研究部門制を設けてこれらの活動を実践することが予告され、第五号（一九五〇年五月）では四國五郎「辻詩のためのメモ」、第六号では上野邦彦（棺椋次）「朗読詩について」といった評論が掲載されており、辻詩・壁詩を四國が、朗読・群読を上野がそれぞれ主導していたことがわかる。辻詩・壁詩や朗読・群読といった表現活動は、戦後サークル運動では幅広く試みられたものであるが、研究部門まで設けて理論的な探求とともに実践されたことは、やはり特筆すべきことであろう。

『われらの詩』第六号（一九五〇年六月）の「事務局よりのおしらせ」には、「辻詩研究部門による第一回作品十三枚を、四月二十七日、中央公民館にて発表し画期てきな反響をうけた。ひきつづき県庁内会議室、西条国立療養所にも展示し成功を収めた」「広船支部では民主青年団の呼びかけに応じ、繁華街に立って前記辻詩をかゝげ、平和投票の獲得運動にのり出した」とあり、さらに第九号（一九五〇年一〇月）には「西条療養所における八月六日平和行事はスクエアーダンスと共に当会の辻詩展覧、本紙掲載の上野氏作「荒野」の看護婦さんたちによる群読、林さんの作品の朗読等が行はれ盛会でした」などと記されている。[17] 第九号からの引用にある「上野氏作「荒野」」とは、上野が棺椋次のペンネームで第九号に掲載した合唱詩、朗読詩のことである。

『われらの詩』第二号（一九四九年一二月）には、シベリアから引き揚げる光景を四國が、シベリアに送致される光景を上野が、それぞれ「ダモイ列車」と「牡丹江平野」という詩にしているように、上野も四國と同様にシベリア抑留経験者であったということだ。上野はソウル生まれ。シベリアからの引揚げ後、一九四八年八月頃峠と会う。その後、被爆者の妻と結婚。教職に就いた五一年二月以降、われらの詩の会から離れている。ここではこれ以上立ち入らないが、われらの詩の会といった詩サークルの関係者はもちろんのこと、五〇年前半に広島で活躍した演劇関係者にはシベリアからの帰還者が多く存在している。

さらに、一九五一年から五二年にかけては、われらの詩の会では「原爆詩画展」の全国巡回が構想されていたことが、広島市立図書館が所蔵する峠三吉資料（広島市立図書館）などの調査から次第に判明してきている。一九五一年九月のガリ版『原爆詩集』刊行とほぼ同時期に最初の構想がもちあがり、五二年六月の青木文庫版『原爆詩集』刊行の頃に再構想が浮上したと現在推定している。再構想は、ほぼ同時期に展開された丸木位里・赤松俊子『原爆の図』の全国巡回展に触発された側面も否定できず、峠三吉資料には『原爆の図』巡回ルートとほぼ同様のルートを記したメモが残されている。内容は、(A)画＋『原爆詩集』の詩、(B)広島（松重美人）・長崎の写真（山端庸介）＋詩または説明書き、(C)『原爆の図』＋詩または説明書き、(D)そのほかといったものと思われる。

ただし、こうした大規模な「原爆詩画展」の巡回は、スターリン裁定・五全協の影響による会の活動の混乱と停滞、峠の健康状態の悪化などの理由から実現することはなかったと考えられる。

辻詩・壁詩の表現性

ちなみに、新聞紙大の大きさで街頭に貼るのに適したサイズのものを「辻詩」「壁詩」と呼び、色紙サイズの室内にコンパクトに展示できるものを「詩画」と呼んでいたと思われるが、そうした呼び方の使い分けは時にあいまいであるというのが実際のところである。ただし、とりあえず上記の大きさによる区分を適用するなら、回想や日記の記述から判断して当時一〇〇枚以上描かれたと推定される四國五郎制作の辻詩・壁詩のうち、現存するものは八枚のみである。それらは画集『四國五郎平和美術館』第二巻「ひろしまの街」（汐文社、一九九九年）で見ることが出来る。そのすべてを峠が作詩し、四國が絵を担当しており、実質的に言えば、われらの詩の会における辻詩・壁詩の実践は二人が中心となった共同創作であったことがうかがえる。

図2

図2は、『広島文学サークル』第四号（一九五〇年一月）に掲載された峠三吉「なぜに」という詩をほぼそのまま使用した辻詩・壁詩である。「なぜに」は、進駐軍兵士を相手にした街娼である「パンパン」のかなしみに語り手の「おれ」が同化するといった詩であるが、四國は「パンパン」の絵を描くとともにその周りに、「首切り」、「労働強化」、「汚職」といった言葉が躍る当時の新聞記事をコラージュして貼りつけている。「パンパン」の表象は直接的には右旋回するGHQの占領政策への批判と言ってよいが、新聞記事のコラージュが加

わることによってアメリカへの批判とともにそれを具体的に遂行する当時の保守政党への批判という文脈が可視化されている。

図3は、朝鮮戦争反対運動がもっとも昂揚した五十年代夏頃の作品と思われる。「われらは語りつぎうたいつぐ／祖国に地上にふみにじられた／ひとびとえの愛と／怒りとにくしみと」というフレーズではじまる元の詩の出所は不明であり、おそらく峠が辻詩・壁詩の制作にあたって即興でつくったものだろう。この辻詩・壁詩の面白さは何と言っても「ふみにじられた」という詩の言葉をイメージ化させるために、靴底の模様を取り込んでいるところにある。(18) いたってシンプルな発想にも見えるが、もしこれをいわゆる社会主義リアリズムに忠実に考えるならば、敵国の兵士が民衆を虐げる、あるいはそれに民衆が抵抗するといった写実的かつ具体的な絵が選ばれたはずだ。デザイン性の高いこうした図柄は、自由な発想と遊び心がないと生まれないだろう。

図4も同時期の作品であるが、詩は、林幸子「黒いひまわり」（『われらの詩』八号、一九五〇年八月）をもとに峠が再構成している。峠が再構成した詩には、原詩の題名ともなった黒いひまわりの印象的な描写や、朝鮮戦争下の「バラックの街」を「よろめき歩」き「うめきと呪」う「三十幾万の亡霊」の光景が消される。代わりに「おんなの髪のやけるにおい」「むすめのモンペ」「少年のゆめ」が失われたことが強調されている。こうして詩のレベルでは、女性や子供といった感情移入しやすい対象が前景化する一方、抽象的な絵のレベルにおいて「三十幾万の亡霊」のイメージが表現されていると言ってもよい。

そして、この抽象的かつデフォルメされた人体／亡霊は、ガリ版『原爆詩集』の表紙絵（図5）とも類

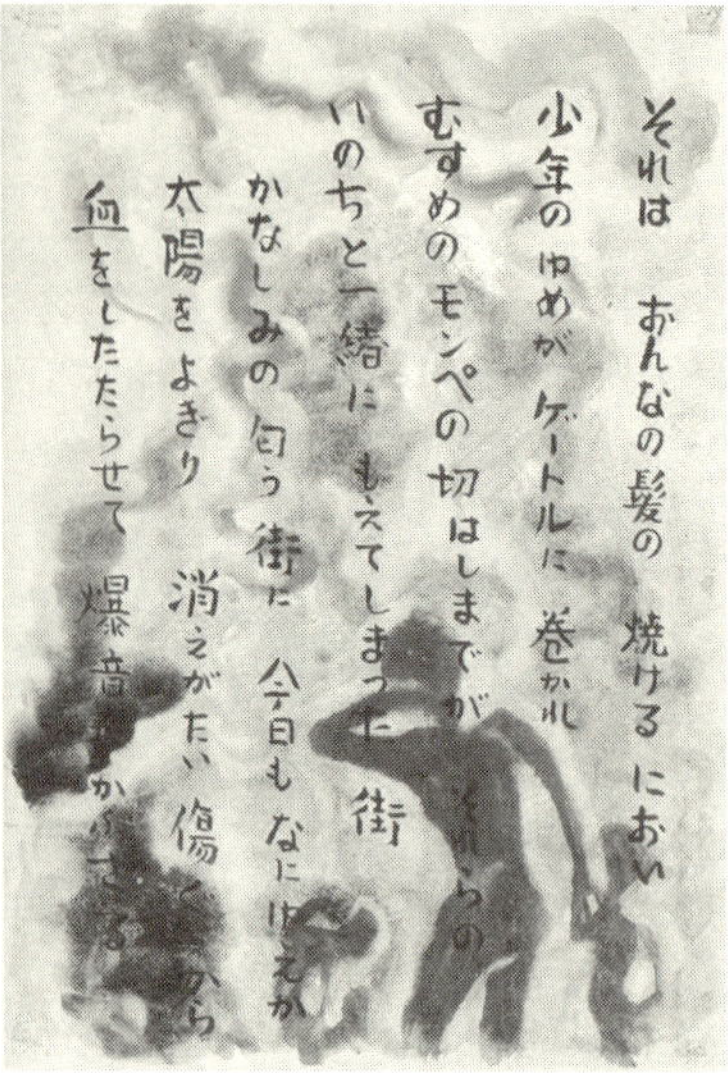

それは　おんなの髪の　焼ける　におい
少年のゆめが　ゲートルに　巻かれ
むすめのモンペの切はしまでが
いのちと一緒にもえてしまった　街
かなしみの匂う街に　今日もなにゆえか
太陽をよきり　消えがたい傷から
血をしたたらせて　爆音

図 4

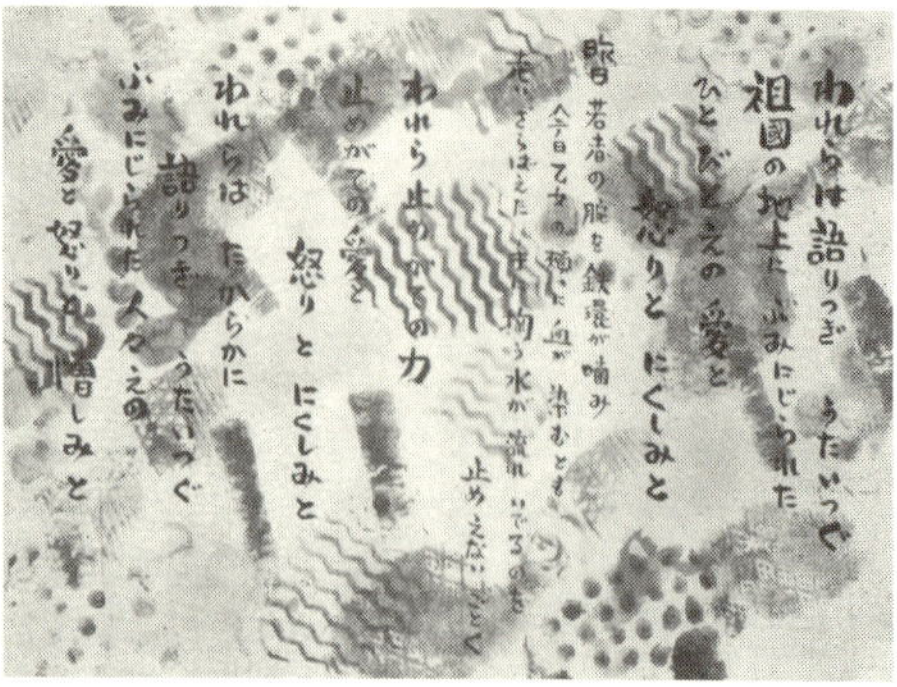

われらは語りつぎ　うたいつぐ
祖國の地上に　ふみにじられた
ひとびとえの愛と
怒りと　にくしみと
若者の胸を鉄環が噛み
止めえないごとく
われら止めがたきの力
怒りと　にくしみと
われらは　たからかに
語りつぎ　うたいつぐ
ふみにじられた人々えの

図 3

峠　三　吉
原爆詩集

図 5

似するものである[19]。

現存する辻詩・壁詩の中から三点のみ取り上げて、その表現性を検討したが、そのどれもが一見わかりやすく、単純に見えながらも創意工夫が凝らされたものであったことがわかるだろう。のちに四國は辻詩・壁詩について「詩が、本の形で人びとに求められ、読まれるのではなく、詩を求めようとしない人びとにまでも注意を魅き、歩行者を立ち止まらせ、アクチーブに訴えようとしたもの」と語っており[20]、「アクチーブ」という言葉からは、シベリアの経験もこだまするようであるが、ここではさらに先に名前だけ紹介した四國五郎「辻詩のためのメモ」（『われらの詩』第五号、一九五〇年五月）から一部引用して、この時期の四國の辻詩・壁詩についての理論的態度を確認しておこう。「辻詩のためのメモ」は、「巷にて」という題名と峠の署名が入った辻詩・壁詩を例にして解説したものである（現存する八枚にこの辻詩・壁詩も含まれる）。

このような内容の辻詩には絵と文字がピラミット型につみ上げられた重心の定まった構図はとりたくない。逆三角形に構図され或いは文字と絵は組み合わさって電光形に破綻と動きをもち更に或いは構図の不安定さはそれによってこれからはげしい動きをはじめるであろうことを暗示させるような組み合わせをとりたい。要はその詩の感覚、訴えを文字と絵の組合せ、構図の面でも生き生きととりあげることが大切なのである。

内容についての詩と絵の関係は絵が詩の単なる説明に終ってはならず、詩は絵を単に文字をもって解説したということであってはならない。

〝民主主義とはレアリズムのことだ〟とソ同盟の画家ヤーセンコフと云う人が言ったということをきいた。これはまったく正しいと思うしかしこれはロマンチシズムを否定しないだろうし、本当にわれ〳〵の感覚でうけとったものが、それが抽象的な表現でうたわれようともまたセザンヌ以後に開拓された掘りさげの深さで絵になろうとそれは否定されないだろう。

右に述べられていることを、大胆にまとめるなら、絵と詩の組合せが単なる1＋1＝2ではなく、3にも4にもなるような詩と絵の相乗効果を狙った構図、表現の志向であろう。そしてそのためには「レアリズム」はもちろん「ロマンチシズム」であれ「抽象的な表現」であれ「セザンヌ以後に開拓された掘り下げ」（ポスト印象派のことか）であれ、貪欲に取りこんでもよいというのである。ここで『わが青春の記録』に戻って言うならば、そこで描きこまれていたのはリアリズム的なスケッチもあれば、ピカソの《ゲルニカ》を思わせるデッサンなど、戦中戦後の日本の画家たちにも大きな影響を与えた前衛的な表現への関心も見られることを指摘しておく必要があるだろう。シベリアでの表現の取り組みを、広島でのこれからのサークル運動へと繋げようとする宣言の書でもあった『わが青春の記録』の画風の幅の広さは、それ自体が実験的な試みであったのだ。

一九五〇年代後半以降、四国は、こうしたさまざまな表現の可能性をあえて捨てて、リアリズム的表現を選択していったように思われるのだが、そのことの意味はまた別の機会に改めて問うことにしたい。少なくとも本論で確認すべきは、四國がシベリア抑留の民主運動で獲得した表現の方法と姿勢を手掛かりにして、朝鮮戦争反対運動にもっとも果敢にコミットした時期に、自由かつ柔軟な表現の実験を実践しようとしたことにある。ここには、やはり運動（政治）か表現（芸術）かという単純な対立図式ではとらえきれない、両者の複雑な関係性を考える糸口が存在しているのではなかろうか。

（1）四國の主な著作としては、『四國五郎詩画集　母子像』（広島詩人会議、一九七〇年、復刻版二〇一七年）、画文集『広島百橋』（春陽社、一九七五年）、画文集『ひろしまのスケッチ』（広学図書、一九八五年）、画集『四國五郎平和美術館』全二巻（汐文社、一九九九年）などがある。

（2）二〇一五年に『中国新聞』が企画した大型連載企画「志の軌跡「戦後七〇年」」では、第一部に四國五郎を取り上げている（森田裕美記者。一月二九日、三〇日、三一日、二月三日、四日の計五回）。現在この記事はインターネット上においても、中国新聞平和メディアセンターのアーカイブス http://www.hiroshimapeacemedia.jp/?p=53982&query=%E5%9B%BE5%9B%BD%E4%BA%94%E9%83%8E で閲覧可能である。四國の生涯をわかりやすく解説した内容であるが、シベリア抑留時代の民主運動については一切述べられていない。ただしその前に紹介した永田浩三の評伝には若干の言及はあるものの、深く立ち入ることは避けている。ただしその責任は森田や永田といった個人にだけ帰せられるべきものでもないとも考えている。

（3）たとえば、竹内栄美子『中野重治と戦後文化運動』（論叢社、二〇一五年）はそうした問題意識のもとにまとめられた重要な成果であろう。

（4）宇野田尚哉ほか編『「サークルの時代」を読む—戦後文化運動研究への招待』（影書房、二〇一六年）、第一〇章「サークル誌をどう読むか」における発言。

（5）最近見ることができたドキュメンタリー映画「記憶の中のシベリア」第二部『海へ〜朴さんの手紙』（久保田圭子監督、二〇一六年）は、朝鮮人抑留者朴道興（パク・ドフン）と日本人抑留者山根秋夫という二人の友情を軸に構成された作品である。ただし、それが単なる友情の物語に終わらないのは、広島に引揚げて共産党員として活躍して早くに亡くなった山根と、北朝鮮に戻ったのち朝鮮戦争に従軍するも、韓国軍の捕虜となり、その後反共主義者へと転じた朴の人生が対照的に語られる点にある。シベリア抑留やその後の人生の多様さはもとより、東アジアにおける複雑な「共産主義」の歴史的経験までも考えさせられる作品となっている。

（6）四國五郎『わが青春の記録』。以下、明記しない引用はすべてこの本による。

（7）富田武『シベリア抑留—スターリン独裁下、「収容所群島」の実像』（中公新書、二〇一六）一二四頁

（8）『日本新聞』第二六一号（一九四七年五月二十二日）に掲載された、片岡カオル「文化運動について」には、「いま一つ注意しなければならないことは、演芸会のプログラムの盛り方である。たいていの場合、争議などを取り扱った進歩的な演劇と古臭い「国定忠治」などが一緒に上演されたり「アカハタ」の次に「酒は涙か」が歌われたりする。これでは見ている大衆は何所に正しい方向を見出していいのか、わからなくなってしまう。われわれは観客の感情を正確に計算し、彼等の向かって行く方向をハッキリと示すように劇を盛らねばならない」（引用は、富田武・長勢了治編『シベリア抑留関係資料集成』みすず書房、二〇一七年、二五〇頁）。四國たちの取り組みもこうした方向性でなされたものがわかる。

（9）一九四六年一月、東京都板橋の旧陸軍造兵廠に物資が隠匿されていたことを知った市民が押しかけた事件。当時、物資の「人民管理」を象徴する事件と言われたが、日本共産党の岩田英一の指導があったことが判明している。

（10）注７富田前掲書一二八頁
（11）『北京漫画』時代の久米については、南雲大悟「日本占領区における漫画雑誌『北京漫画』について」（『千葉大学人文社会科学研究科研究プロジェクト報告書』二〇七、二〇一〇年二月）に詳しい。
（12）四國五郎の御子息である四國光氏による。
（13）『わが青春の記録』でははっきりとしないが、『四國五郎詩画集　母子像』（広島詩人会議、一九七〇年、復刻版二〇一七年）には、「ロシア人ドイツ人ハンガリー人と私の四人が集っては絵を描いた」（二七頁）経験を通して彼我の画風の違いを認識したことが述べられている。
（14）四國五郎「シベリア抑留中の演劇活動」（聞き手・尾津訓三、『ドラマ★ドリーム　戦後広島の演劇を語る』広島都市生活研究会、一九九六年三月）
（15）高杉一郎『極光のかげに―シベリア俘虜記』（目黒書店、一九五〇年）。引用は岩波文庫版、一九九〇年、二〇四頁。
（16）内容は国会会議録検索システム http://kokkai.ndl.go.jp/SENTAKU/sangiin/005/1196/00505121196024a.html によって公開されている。
（17）ここで朗読された「林さんの作品」とは、林幸子「黒いひまわり」（『われらの詩』第八号、一九五〇年八月）と思われる。
（18）四國光氏によれば、このとき使用した靴は四國五郎本人のものであったらしい。
（19）永田浩三『ヒロシマを伝える　詩画人・四國五郎と原爆の表現者たち』（ＷＡＶＥ出版、二〇一六年）では、ガリ版『原爆詩集』の表紙について「一見マティスのダンスを思わせる絵」だと指摘している（一五三頁）。
（20）四國五郎「ガリ刷りの「原爆詩集」」（『風のように炎のように　峠三吉』（作・画・岩崎健二、峠三吉記念事業委員会、一九九三年）

〔付記〕　本論は、「『わが青春の記録』と戦後文化運動―シベリア収容所の民主運動と広島のサークル運動―」（四國五郎『わが青春の記録』三人社、二〇一七年）、「四國五郎と辻詩の問題―シベリア収容所の民主運動から広島のサークル運動へ」（『原爆文学研究』一六号、二〇一七年一二月）と一部重複があることを断っておく。

第4章　松川事件をめぐる画像・映像メディアと《メロドラマ的想像力》

鷲谷　花

幻灯『松川事件　1951』タイトル画面　福島大学松川資料室蔵

1　松川事件と被告救援運動

一九四九年、GHQ／SCAP経済顧問のジョゼフ・ドッジの勧告に従い、敗戦と連合軍による占領開始以降、日本国内で続いていた急激なインフレを食い止め、国内経済の自立を促すとの名目で、大々的な緊縮財政・金融引き締め政策（「ドッジ政策」）が開始された。ドッジ勧告による緊縮財政政策の一環として、官公庁においては「行政整理」、民間企業においては「企業整備」の名目で、大規模な人員整理が進められた。この大量解雇政策に対して、国鉄労働組合と東芝労連は、大規模な労働運動による抵抗を試みた。しかし、同年七月五日に国鉄下山総裁怪死事件、七月一五日に国鉄三鷹駅無人電車暴走事件（三鷹事件）、そして以下に詳述する松川事件と、国鉄に関連する怪事件が相次いで起こり、いずれも当局とメディアによって思想的背景をもつ犯罪事件として扱われ、三鷹事件、松川事件に関しては、国鉄労組の組合員が容疑者として逮捕された。このことから、労働組合の組織力・発言力は一時、著しく低下し、当局及び経営側の意向通りの人員整理を許すことになり、その後のレッド・パージに際しても劣勢を強いられたとされる。

一九四九年八月一七日午前三時九分[1]、東北本線の金谷川駅～松川駅間（当時の福島県信夫郡松川町付近）のカーブ地点で上り普通旅客列車が脱線転覆し、乗務員三名が死亡する事故が発生した。翌日には、カーブ外側のレールが人為的に取り外されたことが転覆原因であったことが公表され、増田甲子七《かねしち》官房長官が「事件の思想底流」についての談話を発表するなど、特定の政治思想の持ち主による計画的犯行の引き起こした事件であると示唆するような当局側からの情報発信がなされた。九月一九日、別件逮捕された元線路工の赤間勝美被告が、国鉄労働組合と東芝松川工場労働組合の活動家の謀議に基づき、複数人数でレール取り外し工作を行ったとの供述（赤間自白）を行い、その結果、国鉄・東芝双方の労働組合員十名ずつが逮捕・起訴された。翌五〇年一二月五日、福島地方裁判所にて、死刑五名、無期懲役五名、有期懲役十名の全員有罪の第一審判決が下され、被告全員が無罪を訴えて即日控訴した。以後、一九六三年の最高裁判決により被告全員の無罪が確定するまで、長きにわたる裁判闘争が続いた。

松川事件裁判における被告救援運動（以下「松川運動」と略称）は、初期の段階においては主に被告家族と日本労農救援会によって担われ、地元東北を中心に展開されていた。しかし、一九五三年に、労働組合・左翼政党・平和団体・文化団体など、被告と立場の近い全国組織が、松川事件被告の全員無罪と公正裁判を訴える運動への支援を相次いで表明し、松川運動は全国的規模に発展した。また、一九五一年に刊行された被告たちの手記集『真実は壁を透して——松川事件文集』（月曜書房）を読んで松川事件に興味を抱き、仙台地裁の第二審を傍聴した結果、被告たちの無罪を確信するに至った作家広津和郎と宇野浩二が、被告無罪と公正裁判を支援する言論活動を開始したことなどをきっかけに、党派、所属、居住地域を越えた国民的な救援運動が形成されてゆく。

一九五八年には、広津和郎を会長とし、総評傘下の各単産労働組合、各文化・平和団体、文学者・文化芸能関係者など、多様な団体及び個人の参加による松川事件対策協議会（松対協）が結成され、全国の松川運動を統括する中央組織としての活動を開始した。その一方で、草の根の運動サークルとしての「松川を守る会」が全国で組織され、最盛期には一三〇〇を超える「守る会」がそれぞれの地元での活動を展開したとされる。こうした全国的な支援組織の形成に支えられて、一般の支援者が実際の事件現場に自ら赴いて調査と観察を行う「現地調査」や、「松川大行進」などの大衆的イベントが定期的に実施された。こうした広範な層によって支えられた救援運動が、六三年の被告全員無罪確定という成果を達成するにあたり、大きな力となったことは疑いようがない。[2]

2 松川事件の図像化・映像化

鳥羽耕史が『1950年代「記録」の時代』で、松川運動の「メディアミックス的な展開」[3]を指摘するように、松川運動においては、韻文・散文、紙芝居、幻灯、浪曲、絵画、写真、演劇、映画などの実に多様なメディアが、記録や報告、政治的説得・抗議、大衆宣伝・動員などの多岐にわたる用途に活用された。

松川事件については、かなり初期の段階から、連環画、幻灯、紙芝居、映画などの複数の映像メディアを活用した図像化・映像化が試みられてきた。それらの一連の試みの集大成でもありもっとも大規模な実践ともなったのが、一九六〇年に製作が開始され、六一年に完成・公開された長編劇映画『松川事件』（山本薩夫監督）の製作・上映運動だった。劇映画『松川事件』の企画に関しては、既成の映画会社の投資・配給に頼らず、独立映画プロダクションへの委託も行わずに、松対協の呼びかけによって集まった全国の支援者の結成する製作委員会が、製作から上映までの責任を負い、資金についてはすべてカンパで賄うという、かつてない方式が採用された。

映画『松川事件』は、主要独立映画プロダクション関係者、幹部クラスから新人に至るまでの主要新劇団の所属俳優が大挙して参加し、さらに労働組合と「守る会」の協力により、多数のエキストラを動員することで、映画会社の資本の入らない独立プロダクション映画としては破格の大作として完成した。完成した映画は、既成の映画会社の興行ネットワークに依らず、全国各県に組織された上映実行委員会、映画サークルや労働組合の担う自主上映運動によって上映された。『松川運動全史』によれば、「松川運動が、全国各県にわたってもれなく展開されたのは、実にこの劇映画上映運動の時であった。松川運動の大衆的もりあがりの頂点を示したということができるし、仙台の無罪判決は、この全国的もりあがりの上に、かちとられたのであった[4]」。

劇映画『松川事件』は、それまでの約十年間にわたる運動の中で創り出され、支援者の間で共有されてきた、松川事件と松川運動をめぐる図像・映像イメージを集大成した作品としての意義をもつものであった。全国で公開された劇映画の大作『松川事件』に比べれば、先行する図像・映像作品がそれぞれに受容され、影響を及ぼした範囲はごく限定されたものだったかもしれない。しかし、それらの図像・映像作品が、警察・司法権力の不正や過ちと、罪なくして虐げられる犠牲者としての労働者の、戦後的な新しさをもつイメージを創出し、伝達するにあたって担った役割とは、決して無視しがたいものであるだろう。

松川事件を視覚的に表現する最も早い試みは、『松川運動全史』によれば、中国で作られた絵本『松川事件』（方生編文・麦桿絵図、學林書林）であり、一九五一年三月に上海で出版され、訳文付きで日本にも送られてきたという。[5] おそらくその「絵本」の現物と思しき資料が、現在大原社会問題研究所に所蔵されている。中国版『松川事件』は、横長の版型の「連環画本」であり、事件の発生から第一審判決までの主要なエピソードが、白黒画とキャプションによって再現されているが、描かれている風景や人物の衣装・風俗は、同時代の日本の実状とはかなり異なっており、もっぱら想像に頼って創作されたことが伺われる。この中国語連環画本のとりわけ興味深い点として、その後、劇映画『松川事件』に至るまで、松川事件の図像化・映像化に際して欠くことのできない重要なエピソードのひとつとなる、「警察側の望む通りの自白をした赤間勝美被告が、警察署長と共に入浴する」図を、すでに含んでいることがあげられる。

中国から連環画本『松川事件』が送られてきた直後、一九五一年七月に、幻灯と紙芝居が同時に製作されている。[6] 紙芝居の方の現時点での所在は未確認だが、幻灯に関しては、現在福島大学松川資料室に『松川事件　１９５１』のタイトルの付いた長巻きロールフィルム一巻と手書きの説明台本が所蔵されている。『松川運動全史』によると、松川事件に関連する最初の幻灯は、一九五一年七月に完成し、日本労農救援会より一本二八〇〇円で発売されたと記述されており、[7]『松川事件　１９５１』が当該する幻灯であることはほぼ確実といえるだろう。したがって、日本国内で作られた松川事件の画像・映像化作品としては、幻灯『松川事件　１９５１』が現存する最も古い資料であり、松川事件を映像によって描写し、映し出し、物語る試みの原型として、重要な意義をもつものといえる。

以降では、元々は幕藩期にまで遡る古くからの歴史をもつ映像メディアである幻灯（写し絵、スライド）が、戦後一九五〇年代の社会運動において重要な機能を担うメディアとなった経緯を略説した後、幻灯『松川事件　１９５１』の内容を詳しく分析し、とりわけそこに描かれ、映し出された警察権力の不正と罪なき犠牲者のイメージが、どのような同時代性をもち、どのように以降の松川運動の視聴覚メディアによる表象に引き継がれていったのかについて考察してゆく。

３　戦後日本社会運動における幻灯

光源とレンズを用いてスクリーンに静止画像を拡大映写する映像装置は、一七世紀から一八世紀にかけて、ヨーロッパで研究開発と実用化が進められ、ラテン語で「Laterna Magica」、英語で「Magic Lantern」、すなわち「魔法のランタン」と呼ばれるようになった。この「魔法のランタン」は、一八世紀にオランダから日本に輸入されて以来、幕藩期には「写し絵」（関西では「錦影絵」）、明治期には「幻灯」と呼ばれ、映画に先行する重要な映像メディアとして、確固たる存在意義を確立するに至った。

幕藩期の「写し絵」が、もっぱら大衆的な娯楽・見世物として扱われたのに対し、明治初期に欧米から再輸入され、新たな訳名を与えられた「幻灯」は、学校、社会、家庭における教育・啓蒙のメディアとしての役割を期待され、当初は文部省の主導のもとに普及が進められた。明治期を通じ、教育と娯楽を兼ねたイベントとしての「幻灯会」が各地で開かれて多くの観客を集め、とりわけ日清戦争期に盛んに開催された「戦争幻灯会」は一大人気イベントとなった。また樋口一葉『たけくらべ』の一節にみられるように、幻灯は家庭的な娯楽としても親しまれた。しかし、明治期の幻灯及び幻灯会の人気は、日清戦争期にピークに達した後に、日露戦争を機に本格化した国内映画産業の発展に伴い、一時的な衰退に陥った[8]。

一九四〇年代の総力戦体制下に至って、映画に比べて低コストで取り回しの簡単な映像装置である幻灯は、もっぱら国策・軍事教育に活用されたために、急速な復興を果たした。一九四一年に、文部省は幻灯の教育利用の再開を宣言し、従来の一枚毎に分かれたガラス製のスライド（種板）を映写する方式から、一コマ八パーフォレーションの画面が水平方向に連続する三五ミリのロールフィルムを映写する方式を、標準的な幻灯の規格として新たに定めた[9]。このロールフィルム式幻灯は、日本の敗戦後も、視聴覚教育の充実を志向したGHQ／SCAPの占領政策のもとで、映画、紙芝居とともに重要な視覚教育メディアとして位置づけられ、需要と供給の規模を順調に拡大していった。

明治期及び昭和期の幻灯は、まずは官の主導により、制度化された教育の場で役立つ映像教育装置として普及が進められた。その一方、社会問題への認識を促し、その解決に取り組もうとする「運動」のメディアとしても、幻灯は独自の歴史を辿ってきた。足尾銅山鉱毒問題に際しては、鉱毒に苦しむ地域住民の窮状を伝え支援を募るため、田中正造ら活動家によって「鉱毒幻灯会」がしばしば実施された[10]。

明治期の社会主義者たちは啓蒙活動の一環として幻灯の映写を行い、平民社の同人による「社会主義伝道行商」に際しても幻灯の活用が試みられた[11]。

明治三〇年代以降に顕在化した、社会問題の解決に取り組むさまざまな社会運動と、記録・教育・宣伝メディアとしての幻灯の結びつきは、大正期以降の幻灯メディアの商業的衰退と、昭和戦時期の国家総動員体制の確立によりほぼ終息した。しかし、戦後一九五〇年代に至り、幻灯は一度は断たれた社会運動との繋がりを急激に回復し、その繋がりを基盤として独自に発展してゆくことになる。

ＧＨＱ／ＳＣＡＰの幻灯教育を重視する方針は、昭和二二年（一九四七年）に新設された労働省にも影響を及ぼした。労働組合の結成と組織強化を促す初期の占領政策の実行の一環として、労働省は労働組合映画協議会（労映）との提携により、『われらの労働組合』（組織編・活動編）、『繪ばなし　労働組合法』など、労働組合の組織と活動のノウハウや、労働者の新しい法的権利について啓蒙する幻灯を製作し、幻灯機と共に各地の労政事務所に配布し、そこから労働組合に貸し出す活動に着手した[12]。占領期を通じ、労働省は労働組合向けの教育用幻灯を製作、頒布するのみならず、労働組合が独自に幻灯の自主製作を行うことを推奨しており、「労働組合の教育担当者や労政職員で実際に自作幻燈を利用しておられる人々からの要次の技術的質問に応える為に[13]」、幻灯自作のノウハウをまとめたパンフレット『幻燈画の作り方』を一九五一年に刊行している。

労務省の委託により複数の幻灯を製作したことが判明している労働組合映画協議会（労映）は、日本教職員組合、国鉄労働組合はじめ四十に及ぶ労働組合の参加により昭和二一年（一九四六年）に結成され、労働組合による自主的な映画上映、さらには映画製作を行う組織として活動した後、昭和二五年（一九五〇年）一〇月に共同映画社へと発展解消した、左翼系の文化運動組織だった。[14] つまり占領の最初期段階では、GHQ／SCAP及び労働省と、労働組合活動家との提携により、労働組合に向けた幻灯の製作が行われており、戦後の労働運動において独自の展開をとげた幻灯の自主製作・自主上映文化の萌芽はそこにあった。

一方、労働組合運動の一環としてのオリジナルの幻灯の自作活動は、一九四九年頃にはすでに実践されていた。一九四九年の東芝争議に際しては、東芝労働組合により、『白足袋一家　なぐりこみの巻』（製作：東芝労働組合連合会、脚本：マツダペンクラブ、作画：マツダパレットクラブ、撮影：マツダフォトクラブ）と題する「幻灯マンガ」が製作されている。現在、大原社会問題研究所に説明台本のみが所蔵されているこの幻灯には、当時の吉田茂内閣に対する激烈な批判が含まれており、この時点で、幻灯が国家と社会の現状に対して異議を申し立てる「運動」のための映像メディアとしても、すでに活用されていたことが確認できる。

一九五二年に雑誌『ソヴェト映画』一二月号に掲載された、「さかざき・つねろう」の署名入り記事「富士よ怒れ!!　日本の幻燈活動の展望」は、戦後の社会運動における幻灯製作・上映の動向を概括する内容で、戦後の社会運動と幻灯の関係史を知るための貴重な手がかりといえる。この記事によれば、労働組合はじめ社会運動団体による幻灯の自主製作・上映運動は、一九五一年七月に公開された『どっこい生きてる』（前進座――北星映画社、今井正監督）から本格的に始動する独立プロダクション映画運動をきっかけに活性化したとされる。記事によると、独立プロダクション映画製作に際しては、主要場面をダイジェストした幻灯版が同時に製作され、映画本編の予告編として活用されていた[15]。「自主映画の製作運動が映画サークル、労働組合その他の民主的な団体の協力のもとにもりあがってくると、映画観客の組織的な動員のために幻灯フィルムの必要さがとなえられ、『どっこい生きてる』『母なれば女なれば』『箱根風雲録』『山びこ学校』などの幻燈化がおこなわれて、それらの映画が公開されるよりもはやく、映画サークルなどの手で大衆のなかえ〔原文ママ〕もちこまれた[16]」。

同記事が社会運動の当事者による幻灯自主製作の最初の試みとして挙げている作品は、いわゆる「血のメーデー事件」の二週間後に製作された幻灯『行け！　人民広場え〔原文ママ〕――血のメーデー記録』（製作・配給：日本幻灯文化株式会社）である[17]。一九五二年五月一日の連合軍の日本占領解除後最初のメーデーにおいて、皇居前広場を占拠しようとしたメーデー隊と警官隊が衝突し、メーデー隊側の死者二名と多数の負傷者、逮捕者を出す惨事が起きたが、上述の記事によれば、この幻灯は、メーデー参加者たちの撮影した数百枚の現場写真を選定・編集し、「各地の文化サークルや詩人集団のつくった詩、ルポルタージュをもとに」書かれた解説を付して完成したとされる。

幻灯『行け！　人民広場え』のフィルム及び説明台本は、現在神戸映画資料館に所蔵されている。この幻灯は、大規模な抗議行動と暴力的な衝突の現場で撮影された写真を、客観的・中立的なナレーションではなく、抗議し闘争する側の当事者の肉声に近い、感情的・主観的でときには詩的な語り、そしてアジテーションからなる説明と組み合わせて映写することで、画面に映し出されるデモ隊の運動に、上映会場の観客も参加する実感を促すように構成されている。同様のスタイルは、一九五二年以降に頻発した大規模な労働争議に際して、各労働組合のこぞって製作した争議記録・宣伝幻灯にも引き継がれており、一九五〇年代の社会運動の場における幻灯製作の、重要な原型の一つであることは確かであるだろう。この『行け！ 人民広場え』を製作した日本幻灯文化株式会社は、以後、もっぱら労働組合ほか社会運動団体による幻灯の自主製作・上映運動をサポートする機関として、社会運動の幻灯文化において重要な機能を担いつづけた(18)。

幻灯『行け！ 人民広場え』と、それに一年先行して完成した幻灯『松川事件 1951』は、戦時期の復興以来、公的権力の要請もしくは認可のもと、主に制度の内部での「教育」のために活用されてきた幻灯が、社会問題の認知と解決を呼びかけ、国家と社会の現状を改革しようとする「運動」においても、この時期から本格的に活用されはじめようとしていたことの証左となる作品といえる。この「教育」から「運動」へという展開は、明治三〇年代に、国家の意志と政策に奉仕する「教育幻灯会」「戦争幻灯会」のブームを経て、社会運動の活動家による「幻灯演説会」が始動するという展開の反復ともみなすことができるが、大逆事件による明治三〇年代の社会主義運動の壊滅と、一九五〇年代の社会運動とはまた異なる軌跡を辿り、その中で、幻灯は「運動」のメディアとしての独自の存在感を発揮してゆくことになる(19)。

4　幻灯『松川事件　1951』

幻灯『松川事件　1951』は、先述したように一九五一年七月に完成したものと考えられ、『行け！　人民広場え』よりも一年先行していることから、戦後の社会運動の場において製作された幻灯としては、フィルムと説明台本の双方が現存する最も古い作品でもある。松川資料室に所蔵されているフィルムと説明台本には、製作に関わった個人名は一切記されておらず、タイトル画面に記された「企画・製作：人民幻燈協会」以外の製作者情報は見あたらない。しかし、画家桂川寛の自伝『廃墟の前衛』中の、一九五一年から一九五二年にかけて、都立大学歴史研究会の学生たちとスライドの共同製作を行ったとする記述から、本作の作者及び製作状況をほぼ特定しうる。桂川によれば、「このころはまだ青年たちが自主的に訴えるためのメディアとしては、紙芝居かスライドしかなく、前年〔一九五一年〕には私たちは「松川事件」のための紙芝居やスライド画も描いている[20]」。「一九五一年」という製作年の記述及び、『松川事件　1951』の一部のコマの画風が桂川のスタイルと符合することから、本作が桂川寛と都立大歴史研究会の共作によることは間違いないだろう[21]。

『松川事件　1951』のトップタイトルとエンドタイトルを除く本編は、次のように構成されている。

（1）コマ二～四　一九四九年八月一七日の列車転覆事故とその報道（地図・写真・絵）
（2）コマ五～六　事件の背景：国鉄及び官公庁の大量人員整理と組合の抗議（写真）
（3）コマ七～一六　警察による被疑者検挙と取り調べの不当性（絵）
（4）コマ一七　第一審法廷光景（写真）
（5）コマ一八～二三　検察側の証拠及び主張の不当性（絵）
（6）コマ二四～二五　最終弁論時の裁判長の態度と被告及び家族の希望（絵）
（7）コマ二六～三〇　全員有罪の第一審判決（写真・絵）
（8）コマ三一～三三　国境を越えた被告救援運動の広がり（写真）

以上の八パートのうち、桂川寛の個性が強く表れた画は、警察による被疑者検挙と取り調べの不当性を訴える（3）のパートに集中している。とりわけインパクトの強い見世場として、図1の「赤間勝美被告と警察署長の入浴場面」があげられる。この画面には、次のような説明台本のテキストが対応している。「いわなきゃ死刑だ。と毎日毎晩おどかされた赤間〔勝美〕君は、この苦しみから逃れようと、とうとう警察や検事のいうなりになってしまいました。そうしたら、トタンに待遇が変って、メシは二人分、タバコは吸いほうだい、酒も出るし、風呂に入れて保原署長が背中を流してくれる始末になってしまいました[22]」

先述したように「自白した赤間被告と警察署長の入浴場面」は、中国で作られた連環画本『松川事件』にすでに存在しており、以降も、劇映画『松川事件』に至るまで、松川事件の図像化・映像化に際して、くり返し取り上げられてきた重要エピソードのひとつである。しかし、作り手、メディア、製作時期の違いにより、同じエピソードは異なるイメージをもって再現され、異なる意味を見る者に伝えることにもなる。

連環画本『松川事件』では、同様のエピソードは、盥を使って行水する赤間被告の裸の後ろ姿と、バケツでタオルを絞る制服姿の署長の、ふたりの人物のみに焦点をおいた比較的シンプルな図として再現されている。それに対して、幻灯『松川事件　１９５１』の同エピソードの画面からは、図１に見るように、より複雑な空間と人間と物の配列を見出すことができる。

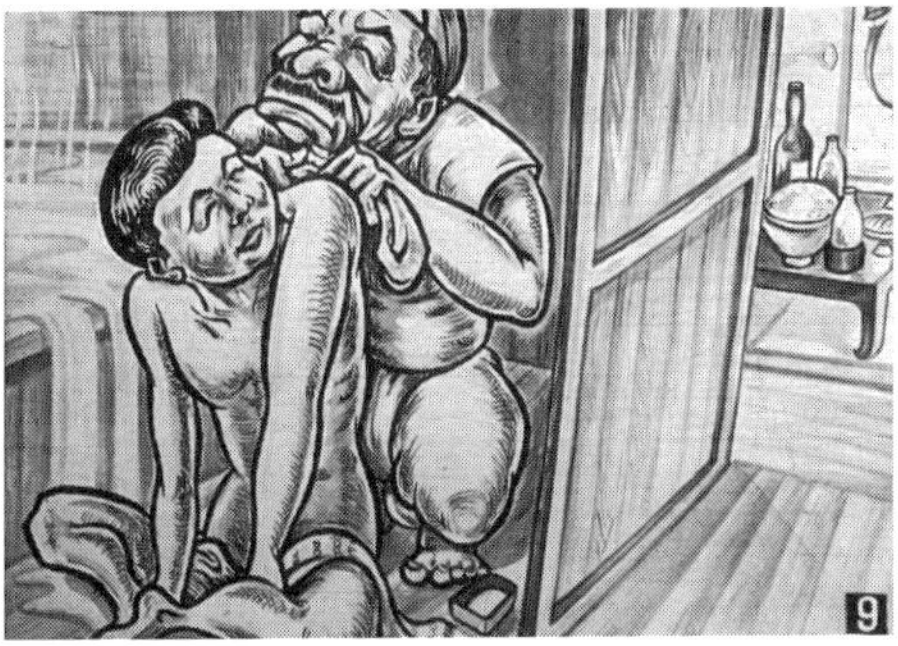

図１　赤間被告と警察署長の入浴

先端のとがった小さめの耳、半球体を並べたような足指などに、桂川の人物像の特徴が表れていることからも、桂川が単独で描いたものと思しき実際の画面は、「事実そのまま」のリアルな再現とは、相当にかけ離れたものといえる。第一審の赤間証言にある「二人分の食事」「酒」「風呂に入れて署長が背中を流してくれた」といった出来事は、実際にはそれぞれ異なる時空間において個別に起きたものとして説明されていた。それにもかかわらず、幻灯ではそれらの出来事が一つの時空間にまとめられて提示される。しかも、署長が赤間被告の背中を流している風呂場の戸が開け放たれ、後景にある続きの間にある食卓上の、観客から見える限られたスペースに、ビール瓶、徳利、丼が所狭しと置かれているという、現実にはありそうもない室内空間と事物の配置がなされている。

本来異なる時点においてばらばらに生起したはずの複数の出来事、別の空間にあったはずの事物を、「事実そのまま」「ほんとうらしさ」を度外視し、単一の時空間の内部に詰め込むように配置したこのコマにおいて、観客に見せられた光景とはどんなものだったか。それは罪なき犠牲者とあくどい加害者が、明快に色分けされた道徳的立場に分かれて演じる迫害と受難のドラマ―メロドラマ―ではなかったか。相手の善意を疑わずに、子どもっぽい笑顔で振り向く赤間青年の比較的華奢な肉体と、その背にのしかかる署長の肉体の重量感が対比され、赤間青年がほぼ裸体、署長が上半身にシャツ・下半身に褌という半着衣であることが、前者の無防備、後者の油断ならなさをいっそう強調する。明らかに不均衡な力関係のもとに置かれた男ふたりの裸体の後景に、誘惑の食卓に並ぶビール瓶、徳利、丼が展示される構図は、ここで進行しているのが道徳的にいかがわしい事態であるとの確信を抱かせずにはおかない。

幻灯『松川事件　1951』のこの場面は、「警察署内の取り調べの光景」という、一般には不可視の出来事を可視化しつつ、「警察のふるまいの道徳的ないかがわしさ」の、きわめて戦後的なイメージを提示したものといえる。戦前及び戦時中とは異なり、警察は直接的な暴力や拷問に訴えるのではなく、もっぱら甘言と誘惑によって、事実と異なる自白を引き出すという悪をなし遂げる。以降、昭和の映画やテレビドラマの刑事ものに頻出することとなった、「警察の追求についに《落ち》て自白した容疑者が、刑事にカツ丼をふるまわれる」定型描写の原型を、この場面に見出すことができるかもしれない。

『松川運動全史』によれば、幻灯『松川事件』は四回にわたって改訂されている。幻灯第二弾である一九五三年の『改訂版　松川事件』（製作：松川・三鷹事件対策委員会）では、「風呂に入っている赤間君と署長」の場面（図2）は、同じシチュエーションを取り上げながらも、『松川事件　1951』からはかなり異なる構図を採用している。署長と赤間青年が観客に背を向けて描かれている点にみるように、桂川寛の描いたと思しき一九五一年版のセンセーショナリズムは抑制され、事実を平坦に再現する説明的イラストレーションへの志向が強まっているとみることができる。

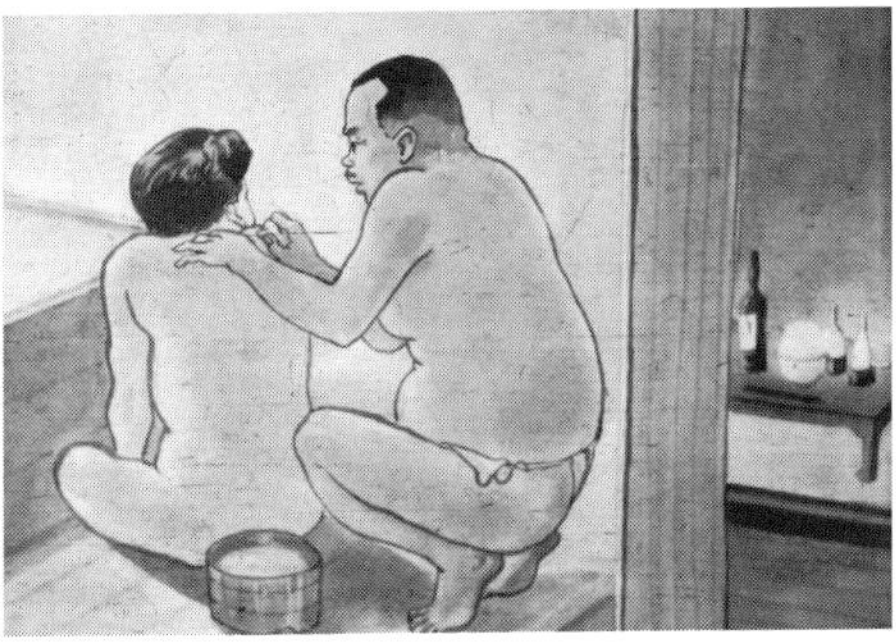
図2　『改訂版』の入浴場面

一方、一九五一年版と同じく、「風呂場」と「食卓のある続きの間」は連続する空間として捉えられ、「赤間青年の背中を流す署長」と「ビール瓶、徳利、丼」を同一空間に配列することが、この場面の再現において重要であったことが伺われる。

松川事件と松川運動をめぐる図像・映像の集大成としての劇映画『松川事件』では、幻灯とはまた異なる形で「警察署長と入浴する赤間勝美被告」のエピソードが再現されている。「風呂」と「食卓に並ぶ酒とカツ丼による誘惑」を一画面に詰め込んだ幻灯に対し、劇映画版では、それらのエピソードは異なる空間で、異なる時間に起きた個別の出来事として再現される。

映画『松川事件』で殿山泰司演じる署長は、手ぬぐいで股間を隠しただけのあられもない裸体をカメラに晒しつつ、新人の小沢弘治の演じる赤間が浸かっている浴槽に入ってきて、おもむろに手ぬぐいで赤間の背中をこすり始める。この場面では、容疑者と署長という登場人物の力関係と、大ベテランの殿山と、新人の小沢という、それぞれの役を演じる実在の俳優の力関係が交錯し、人懐っこい幼い笑顔をカメラに向ける小沢と、その背にのしかかる殿山の裸体の生々しい存在感が対比されることで、幻灯版のイメージと相通じる「道徳的ないかがわしさ」が観客に示される。幻灯『松川事件　1951』の同エピソードの画が提示していた、罪なき犠牲者とあくどい加害者が演じる受難と迫害のメロドラマは、映画においても引き継がれ、再現されているということができる。

4　映像の「メロドラマ的想像力」

映画研究者ベン・シンガーは、メロドラマを構成する五つの「鍵要素」として、「ペーソス（罪なき犠牲者である登場人物のこうむる不当な仕打ちを認知することで、観客にもたらされる自己憐憫と一体化した哀感）」「過剰な情動」「二極化されたモラル」「非古典的物語り構造」「センセーショナリズム」を挙げている(23)が、『松川事件　1951』は、そのすべてを明確に兼ね備えた映像作品といえるだろう。「風呂に入っている赤間君と署長」の図一つを見ても、そこでは無防備に罠に陥れられた犠牲者と、強大な力をもつ卑劣な悪漢が描き分けられ、見る者のペーソスと道徳的嫌悪感をこもごも喚起する。描かれている出来事の道徳的ないかがわしさを強調するために、時空間は、自然な因果性・一貫性をもった空間の繋がりという「古典的」なルールを逸脱するように構成されている。そして、謎にみちた犯罪事件をめぐって、警察・検察の悪が可視化されるというセンセーショナルなシチュエーションが提示される。

一九七〇年代以降のメロドラマ論の最も重要な文献のひとつであるピーター・ブルックス『メロドラマ的想像力』によれば、メロドラマとは、フランス大革命期、神―教会と国王という、伝統的な宗教世界と世俗世界に君臨していた絶対的存在の権威が失われ、急速に世俗化・民主化する社会において、見失われた道徳の世界を、再び「見えやすいもの」として可視化する機能を果たしうる劇的様式として、現在に至るまで持続する大衆的支持を確立したとされる。ブルックスによれば、メロドラマは、次のようなミッションに取り組む「道徳のドラマ」として定義される。

メロドラマは、道徳秩序の伝統形式がもはや社会的に必要な接着剤の役割を果たさなくなったような、恐るべき新しい社会がもたらす苦悶を、そもそもの出発点として描いている。この苦悶の力を悪の一時的な勝利として描き出すが、やがてそれは美徳の勝利によって追放される。メロドラマは、倫理的力の記号が発見され、人々に理解されるまでを、繰り返し示す。〔中略〕メロドラマは、典型的に道徳主義のドラマであるのみならず、道徳のドラマでもあるのだ。それは道徳の世界の存在を、発見し、明示し、例証し、「証明」しようとする。その世界は疑問視され、悪行と正義の誤用によって隠されてはいても、ちゃんと存在し、人間界でのその実在と絶対的力を断

言しうるものなのである。(24)

一方、演劇、小説、映画、事件報道、司法言説と、複数のメディアを横断し、発展と変化を続けてきた「表現モード」としてのメロドラマに注目する映画研究者リンダ・ウィリアムズは、近著『On the Wire』にて、「メロドラマの本質的な要素とは、善と(もしくは)悪との劇的な認知と、その認知のうちに込められた、正義が実現するかもしれないというユートピア的な希望である」と述べている。(25)また、先行するもう一冊のメロドラマ論『Playing the Race Card』において、ウィリアムズは、善と悪を明瞭に認知可能な二項対立として提示するメロドラマのミッションの実現にあたり、「犠牲者」の存在が重要であることを指摘し、「メロドラマとは犠牲者を必要とするものであり、そこでは犠牲者のあからさまな苦痛は、美徳の証左へと変容されることになる。こうした犠牲者化の機能の鍵は、メロドラマという様式にとって不可欠である「道徳の読み取りやすさ」(moral legibility)を編成することである。」と論じる。(26)

以上の一九七〇年代以降の英語圏の研究者が注目し、定義と考察を試みてきた「メロドラマ」の諸特性は、幻灯『松川事件　1951』はじめ、松川事件の図像化・映像化作品のうちに明瞭に見出すことができる。そこでは、敗戦と占領を経て、確実な拠りどころとなりうる道徳的秩序が失われた混沌とした社会を背景に、罪なくして迫害されている犠牲者たちが救済を求め、ピーター・ブルックスの言を借りれば「疑問視され、悪行と正義の誤用によって隠され」た正義と真実が、掘り起こされて明示される時を待ちわびている。スクリーンに次々に映し出される画像においては、追い詰められた犠牲者の切なる訴えと、追い詰める側の警察・検察側の倫理性の疑わしさ・いかがわしさが対比されることで、常に「読みとりやすい」道徳的図式が提示される。

幻灯『松川事件　1951』の別の場面を見てみよう。第二八コマの「退廷する被告たち」の場面では、「被告たちは、ふらつくピストルと棍棒の中を堂々と退廷して行きました。この時／『謙ちゃん〳〵』と呼ぶ老母の姿がみんなの胸をしめつけました。これは加藤謙三君のお母さんだったのです。この日までお母さんはムスコの無罪になることを信じて六十二歳の身をカツギ屋をしてガンバッテ来たのでしたが十二年という刑に泣きくずれてしまい、とうとう目くら〔ママ〕になってしまいました」という、それ自体がメロドラマ的な説明台本のテキストに対応して、次の図像（図3）が映し出される。

図3　退廷する被告たち

この場面では、退廷する被告たち、取り囲む警官たち、嘆く被告の家族たちの三つのグループが、明確に異なる筆致で、ことによると別々の描き手によって描き分けられている。画面奥から手前に向かって進んでくる被告たちは、それぞれ本人に似せて力強い太い線で描かれ、意志的かつ理性的な表情を与えられている。それに対して、被告たちを両側から取り囲む警官達は、ぼやけたような淡い筆致で、これといった個性の見分けられないモブとして描かれる。この画面で最も目立つグループは、画面向かって左上側の、加藤謙三被告の老母ほかの被告家族たちであり、写真をトレースしたものと思しき写実的な像として描かれている。

先述した通り、当時多く使用されていたロールフィルム式幻灯の一コマは、三五ミリ映画の二コマ分にあたるため、一画面あたりの画質は、当時の一般向け映画館で上映されていた映画よりも、場合によっては鮮明で情報量が大きかった。大きなスクリーンに映し出される高画質の静止画像を、比較的長い時間をかけて見せるフィルム式幻灯の特性は、「風呂に入っている署長と赤間君」の場面や、「退廷する被告たち」の場面のように、複数の空間を複雑なパースペクティヴによって配置し、多くの情報を盛った画面を構築して見せるにあたって有効性を発揮する。画面内には多数の人物が描き込まれているが、それぞれが所属するグループと、道徳的な対立の図式は明瞭に読み取れる。この画面とテキストが喚起しようとする、老母と悲哀をわかち合いつつ、「真実」を体現する道徳的存在として被告たちを認知し、その解放を願う観客の情動は、幻灯の結末部分に示される、釈放署名と公判費用募金の訴えという具体的な行動へと結びつけられることになる。

一九五〇年代の社会運動における幻灯は、「記録」「教育」という機能のみならず、観客にメロドラマ的な道徳感情とセンセーションを体験させる劇的空間を構築するにあたり、独自のポテンシャルを発揮していた。社会運動の一環としての幻灯自主製作の最初期の試みのひとつである『松川事件1951』は、そうしたポテンシャルを示す例といえる。そして、幻灯の画面と説明台本のテキストにすでに存在するメロドラマ性は、上映の場における音声によっていっそう劇的に強化しうるものだった。「メロドラマ」の本来の語源は「音楽（melos）の入った劇（drame）」であり、メロドラマにおいて、情動の起伏を作り出し、道徳的対立や葛藤を演出し、センセーショナルな興奮を盛り上げるための音声要素の重要性は、ピーター・ブルックス以下の各論者がすでに指摘している。(27)

『松川事件　1951』の上映現場において、どのような声と音響のパフォーマンスが実践されていたかを示す具体的な情報は現状では未発見ではあるものの、一九五〇年代の社会運動に関連する幻灯上映の場では、ライブ・パフォーマンスの要素が重要であったことは、複数の資料が示している。たとえば一九五二年の炭労六三日争議を、組合側の視点から総括する争議記録幻灯『われらかく斗う　激斗63日』（製作：日本炭鉱労働組合、配給：日本幻灯文化株式会社、一九五三年）の説明台本の冒頭の「上映にあたっての注意」には、「上映するときは　その地方　職場の実情にそって言葉や台本を自由に改訂してください／とくに地方の方言になおして上映するのはだいじなことです。ハーモニカ・笛などの音楽擬音を入れたり数人で登場人物のセリフをうけもってやれば　なお効果をあげます(28)」と書かれており、製作・配給者により、上映者の側でのライブ・パフォーマンスの工夫が推奨されていたことが確認できる。また、他の論文で筆者がすでに論じたように、一九五〇年代の労働争議幻灯には、上映に際しての労働歌・反戦歌のコーラスやハミングを想定し、説明台本に楽譜や歌詞が掲載されている場合がしばしばあり、上映の場での「うたごえ」には、観客の積極的な参加が期待されていた。(29)『松川事件　1951』の喚起するメロドラマ的道徳感情とセンセーショナルな興奮をさらに盛り上げるにあたり、シュプレヒコールやコーラス、音楽演奏などの音声によるパフォーマンスの付加が大きな効果を発揮し得たことは、想像に難くはない。

現実の松川事件それ自体に、「既存の権威の失墜のもたらした道徳的混沌状態にある社会。悪によって窮地に追いつめられた犠牲者。覆い隠された真実の発見」というメロドラマ的要素はすでに存在していた。さらに、ここまで見てきたように、画像・映像メディアによる松川事件と松川運動の再現と提示に際しては、それぞれのメディアに固有の表現言語・スタイルを駆使しつつ、メロドラマ的なイメージと物語を観客に向けて提示し、観客側の道徳感情を増幅強化するような試みがなされてきた。

たとえば、異なる時期に作られた複数の作品をまたいで反復されてきた「警察署長と入浴する赤間勝美被告」のエピソードでは、「権力と正義を誤用する悪と無垢な犠牲者」という端的にメロドラマ的な図が提示され、犠牲者に対するペーソスと共感、悪に対する嫌悪と憤り、覆い隠された真実の開示への希求といった道徳的感情が、観客側にも喚起される。かつ、このメロドラマ的図像・映像は、現実において未解決の冤罪事件の解決を呼びかける運動の場で提示され、物語られることで、観客自らが犠牲者を救済し、真実を開示するために闘うメロドラマのヒーローとなることを促してもいた。連環画本『松川事件』、幻灯『松川事件　1951』から、劇映画『松川事件』に至るまでの、松川事件と松川運動をめぐる画像・映像メディアの表象は、「事実の記録」としてのリアルな再現の感覚を保ちつつ、それをいわば「参加型メロドラマ」として再構成するものでもあった。そのメロドラマ的イメージと想像力の活用が、これらの画像・映像作品に、大衆運動への広範な人びとの動員に向けた力をもたらしていたことは、確実といえるだろう。

※本稿は文部科学省科学研究費補助金の助成を受けた共同研究「昭和期日本における幻灯（スライド）文化の復興と独自の発展に関する研究」（基盤研究C）の成果の一部である。
※本稿の執筆に際して、法政大学大原社会問題研究所に、資料調査についてのご協力を、福島大学松川資料室伊部正之氏及び神戸映画資料館に、資料閲覧及び画像使用についてのご協力を賜った。また、『松川事件1951』の作画者特定は、岡村幸宣氏、鳥羽耕史氏、桂川あかね氏及び桂川潤氏にご協力により実現した。また、根本映子氏には、聞き取り調査にご協力いただき、貴重な資料のご提供をいただいた。記して深謝申し上げる。

（1）占領下の当時、サマータイム制が導入されていたため、現在の午前二時九分にあたる。
（2）以上、松川事件及び被告救援運動の概要については、松川運動史編纂委員会編『松川運動史―大衆裁判闘争の十五年―』、労働旬報社、一九六五年を主に参照した。
（3）鳥羽耕史『1950年「記録」の時代』、河出ブックス、二〇一〇年、一六七頁。
（4）前掲『松川運動全史』、二四一―二四三頁。
（5）前掲『松川運動全史』、一六一頁。
（6）先述した『廃墟の前衛』中の「私たちは「松川事件」のための紙芝居絵やスライド画も描いている」との記述を見る限り、この紙芝居も桂川寛と都立大歴史研究会の共作によるものとの推測が成り立つが、現時点では紙芝居の現物の所在は定かではなく、手描きの一点物だったのか、それとも印刷されたのか、あるいは紙芝居と幻灯の内容が重複していたかについては定かではない。前掲書『松川運動史』には、紙芝居から、「――としおの父ちゃんはせんそうで死んだ。／あきらの父ちゃんは刑務所で、ころされようとしている。母ちゃんはくらい電とうの下でフクロはりをしている……」（一七七頁）という一節が引用されているが、幻灯『松川事件　1951』に該当する場面は存在しない。
(7) 前掲、一七七頁。同書の記述によれば、「幻灯はこのときから、松川の無罪確定まで二度改訂された。」
(8) 明治期以前の幻灯文化史については、主に以下を参照した。岩本憲児『幻灯の世紀―映画前夜の視覚文化史』森話社、二〇〇二年。大久保遼『映像のアルケオロジー―視覚理論・光学メディア・映像文化』青弓社、二〇一五年。早稲田大学坪内博士記念演劇博物館編、土屋誠一・大久保遼・遠藤みゆき編著『幻燈スライドの博物誌―プロジェクション・メディアの考古学』青弓社、二〇一五年。
(9) 前掲。
(10) 前掲書、一一七―一一八頁。
(11) 荒畑寒村編『社会主義伝道行商日記』、新泉社、一九七一年。
(12) 以下を参照した。労働省・中央労働学園共編『労働教育展覧会関係資料』（一九四八年）。
(13) 「はしがき」、労働省労政局労働教育課『労働パンフレット№14　幻燈画の作り方』、一九五一年。
(14) 以下を参照した。共同映画社「会社案内」[http://www.kyodo-eiga.co.jp/company.html]、二〇一五年六月一八日確認。
(15) 近藤和都によれば、映画館における次回上映作品の予告編としての幻灯映写は、一九一〇年頃から行われていた。近藤和都「幻燈と予告編」、『幻燈スライドの博物誌』、一四三―一四六頁。
(16) さかざき・つねろう「富士よ怒れ!!　日本の幻燈活動の展望」、『ソヴェト映画』一九五二年一二月号（第三巻第一二号）、三六頁。
(17) さかざき、前掲、三六頁。
(18) 日本幻灯文化社の沿革については、一九五四年頃から同社の代表を務めた根本芳雄の手記『文集3　蛙の貧乏物語』（私家版、二〇〇七年）に詳述されている。
(19) 一九四〇年代以降の日本における幻灯の復興と再発展については、以下の拙稿を参照のこと。「昭和期日本における幻灯の復興—戦後社会運動のメディアとしての発展を中心に」、『映像学』第八七号、二〇一一年一一月、五—二三頁。
(20) 桂川寛『廃墟の前衛—回想の戦後美術』、一葉社、二〇〇四年、一一〇頁。
(21) 『廃墟の前衛』中のスライド製作に関する記述については、原爆の図丸木美術館学芸員の岡村幸宣氏にご指摘いただいた。また、鳥羽耕史氏のご紹介により、桂川寛氏のご遺族に幻灯『松川事件　１９５１』の画面に目を通していただき、一部のコマについては桂川氏の描いたものである可能性が高いことを確認していただいた。
(22) 説明台本『松川事件　１９５１』（福島大学松川資料室蔵）。
(23) Ben Singer. *Melodrama and Modernity*. Columbia University Press. 2001. 7.
(24) ピーター・ブルックス『メロドラマ的想像力』、四方田犬彦・木村慧子訳、産業図書、二〇〇二年、四四頁。
(25) Linda Williams, *On The Wire*, Duke University Press, 2014. 113.
(26) Linda Williams. *Playing the Race Card: Melodramas of Black and White from Uncle Tom to O. J. Simpson*, Princeton University Press. 2001, 29.
(27) たとえば、映画におけるメロドラマ論の嚆矢ともいうべき古典的エッセイにおいて、トマス・エルセサーは、メロドラマ映画における「俳優の声の可塑性」が、主題の目的を表現するために、監督たちによっていかに意識的に活用されているかについて言及している（トマス・エルセサー「響きと怒りの物語—ファミリー・メロドラマへの所見」石田美紀・加藤幹郎訳、岩本憲児・斉藤綾子・武田潔編『新映画理論集成１　歴史／人種／ジェンダー』、フィルムアート社、一九九八年、二四頁）。
(28) 説明台本『われらかく斗う　激斗六十三日』（神戸映画資料館蔵）。
(29) 鷲谷花「戦後労働運動のメディアとしての幻灯—日鋼室蘭争議における運用を中心に—」、『演劇研究』第三六号、二〇一二年三月、八一—九一頁。

第5章　大西巨人の文学／運動の支柱としての「法感情」

——一九七〇年代前半における障害者の教育をめぐる運動と『神聖喜劇』

橋本あゆみ

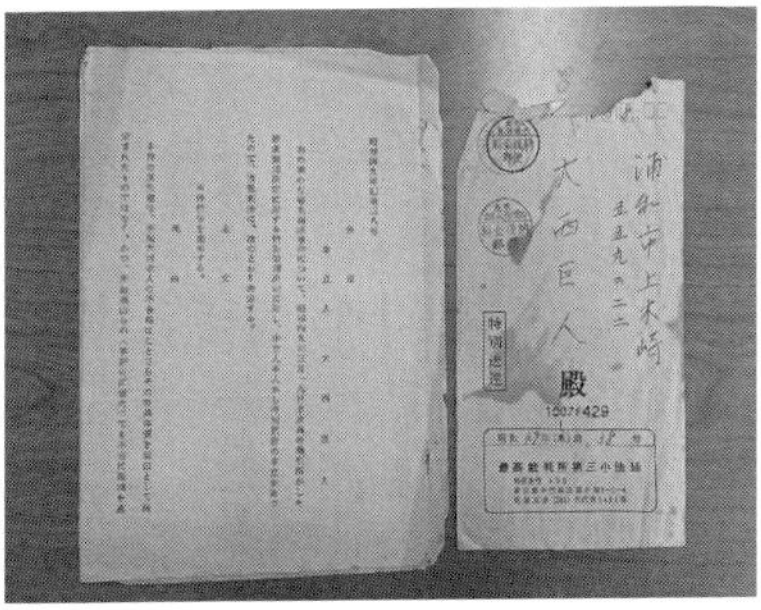

特別抗告棄却決定書　埼玉県立浦和高等学校による大西赤人入学拒否をめぐる告訴・告発に対し、最高裁判所から送付された（一九七四年五月二日付）。大西巨人旧蔵資料に含まれ、大西赤人氏の掲載許諾を得た。

1　はじめに

　二〇一四年三月に亡くなった大西巨人は、執筆に約二五年間をかけた長編の軍隊小説『神聖喜劇』を著した作家であると同時に、教育学や社会学の分野では、障害者および慢性疾患者の社会的権利を確保するために発言し、行動した人物としても知られている。旧制福岡高等学校時代からマルクス主義に親近した大西は、アジア・太平洋戦争後、日本共産党員としての細胞活動などを通じて、差別を受ける人々と接する機会が多かった。また、配偶者である大西美智子による回想記[1]によれば、一九四七年に結婚の話が出た際の身上調査で、大西の母方のなかにハンセン病の人があったとして家族に反対されたといい、「物事の道理が理解出来るはず」の人々でも、身内のこととなると差別に荷担してしまう実例にも大西は直面することとなった。文学活動では一九五〇年代半ば以降、ハンセン病をめぐる文学表現の問題を療養所の文学雑誌のみならず『新日本文学』でも論じるなど[2]、大西は出自や疾病などを根拠とする不当な差別全般に対して、長期的に批判意識を持っていたといえる。

　その大西にとって、一九七一年三月、長男の大西赤人が血友病を理由に埼玉県立浦和高等学校への入学を拒否された問題（以下、当時の略称に従い「浦高問題」と記す）は、批判してきた日本社会の差別が具体的な形をもって、再び自分と家族を襲った事態だった。ここから約三年間、大西はこの問題に対して、文筆活動・市民運動、さらに法廷闘争と多方面での抵抗を行う。埼玉県の教育関係者をはじめ、問題意識を共有する人々が「大西問題を契機として障害者の教育権を実現する会」を立ち上げ、運動は広がりを見せることとなった。一九七〇年代前半、『神聖喜劇』は発表を中断された状態となっていたが、不当な権利侵害に対して法を用いて争うという姿勢は、『神聖喜劇』の主題とも重なり合うものであり、本稿では大西が携わった障害者が教育を受ける権利を守る運動を、文学活動と重ね合わせながら検討し直すことで、社会と文学との関係と、『神聖喜劇』の読みの可能性について一つの視座を示したい。

なお、現在では「障害」ではなく、「障碍」あるいは「障がい」という表記が適切とされる傾向にあるが、本稿では取り扱う時代における一般的な表記と統一するため、原則として「障害」の表記を採用したことをはじめにお断りする。引用の傍点はすべて原文のものであり、引用以外の人名はすべて敬称略とした。小説『神聖喜劇』の引用は、著者が「決定版」とする光文社文庫を基準としたが、必要に応じて雑誌初出、カッパ・ノベルス、全編完結後の初刊である四六判単行本をあわせて参照した。また本論文は、二松學舍大学東アジア学術総合研究所共同研究プロジェクト「現代文学芸術運動の基礎的研究――大西巨人を中心に」で行った大西巨人旧蔵書調査の成果を活用している。

2　「浦高問題」の概略と「実現する会」の初期

まずは、浦和高校入学拒否問題について概略を整理する。当事者となった大西赤人は、大西巨人の長男として一九五五年に生まれた。先天的に重い血友病に罹患しており、歩行困難に陥ったこともあったが、母・美智子のサポートを得ながら中学校まで健常者とともに学び、学業成績も優秀であった。次に、問題の発生から程なくして大西巨人が『朝日新聞』（一九七一年三月三〇日付）に寄せた記事「障害児にも学ぶ権利がある　血友病の子を持つ親の告発」をもととして入学試験前後の状況をまとめる。

一九七一年一月二六日、赤人が浦和高校を志望するにあたり、父である大西は校長に面会して赤人の身体的条件を説明し、校長は、療養で欠席が多く、体育などの実技科目に参加できないために低い内申書成績については考慮可能なこと、また出願に妨げのないことなどを言明した。三月一日、体調を崩していた赤人は、退院まもなく浦和高校を受験。結果は不合格であったが、得点不足のためと大西は考えていた。しかし合否発表から二日後、浦和高校の教頭と数学教員が赤人に関する資料の返却を兼ねて大西宅を来訪した際に、赤人の学力検査成績は合格圏内であったが、「県の現行内申制度の制約のために」不合格となったと説明した。この「不条理」に対し大西は三月一五日、高校側に合否判定の再検討を申し入れるとともに、埼玉県教育委員会の指導主事と会談したが、そこで「内申制度の件はむしろ表向きの理由にすぎず、問題は実に赤人の先天性特殊体質身体障害にある」という判断に至る。これを憲法第二六条「教育を受ける権利」と教育基本法第三条「教育の機会均等」に反する差別と見た大西巨人は、高校側の再度の不合格判断（一七日）に接したあとも了承せず、是正を強く求めた。

この『朝日新聞』記事には、障害者自身やその家族、教育学者などから多数の反響が寄せられ[3]、大西は七月にも『婦人公論』に「坂田文部大臣への公開状――障害児のわが息子の学ぶ権利について」を寄稿して文筆による問題提起を行った。そして一九七一年一〇月一六日、教育学者で和光大学初代学長の梅根悟らを呼びかけ人として、「大西問題を契機として障害者の教育権を実現する会」（以下「実現する会」と略記）が一七七名の会員[4]で発足する。ただし、発足大会に先立って準備事務局が設けられ、八月一九日に埼玉県教育長・中谷幸次郎に対し大西赤人の不合格理由や県の障害児教育の実態について四項目の「公開質問状」を提出[5]、また埼玉県立鴻巣高校の大部淳夫によると七月末に「よびかけ人会」も開催されているので[6]、遅くとも夏までには市民運動としての動きが始まっていた。

一九七二年一月には、「実現する会」機関紙として『人権と教育』の発行が始まる。準備第一号では、一九七一年一二月一八日に行われた埼玉県教育局指導課長との交渉（参加者八〇名）と同日夜の浦和市内デモの模様を写真とともに掲載し、また交渉の場で教育主事が、成績の調査書は「一〇段階評価のパーセンテージについて、人数を動かしてはならない」「障害者も特殊学級の生徒もすべて配分表の総員に入れなければならない」ため「一段階、二段階に機械的にわりあてざるを得ない」という、身体的条件に考慮するという建前と矛盾する説明をしたことなどが報告された。一―二頁の「わたしたちの立場」には、次のような考えが示されている。

> 赤人君に対する県当局の抑圧は、憲法にかかげられている基本的人権をふみにじるものであったからこそ、それは私たちに対する抑圧の一つの具体的あらわれであったと認めざるをえないのです。
> ふりかえってみれば、戦後、日本人民によってつちかわれてきた民主主義擁護の運動の成果が、その不十分な面を含めて雄弁に物語っているように、憲法の精神である国民主権、平和と民主主義

という思想は、たんにそれが条文としてあるだけでは何にもならず、それを私たちの力で実質化してゆくなかで、はじめて生かされてきたものなのです。

学力検査で優に合格点をとっている赤人君さえ、このような状態におかれているのですから、寝たきりの重症者の教育権が保障されるはずがありません。

じじつ、障害児の「特殊教育機関」への在学率は三〇パーセントにすぎず（全国）、就学免除などという形で切り捨てられているのが現状です。

まさに大西問題は、氷山の一角にすぎないといえましょう。

とはいえ、私たちは、大西赤人君の浦高入学実現のために断固として運動を進めることが同時に、各地で教育権をうばわれている障害者に対する支援であるとも考えます。

この記述からは、「浦高問題」の本質を大西赤人にたいする基本的人権の侵害としてとらえ、そこから事実上学びの機会を奪われている多くの障害者の状況の改善につなげようという態度が、運動の初期から固められていたことがわかる。だが一方、準備第二号（一九七二年三月・日の記載なし）では早くも、「わたしたちの立場」に対してある批判の声が上がっていたことが見て取れる。無署名の巻頭記事「どうして、大西君の場合が問題か?」では、運動への「誤解」として次のような問題が言及されている。

〔…〕ここに、去る二月五日の「障害者の教育権を実現する大討論会」の参加者にたいして、八木浩一（三十才になった障害者）の名儀でくばられたビラの一節から引用しましょう。「〔…〕赤人君の場合は、エリートのため、こういう問題が起って来たのだと思います。赤人君は何で浦高に入れるか、入れないかで問題にならなければいけないのか解らない。大部分の障害者はどうかというと、小学校へも入れない状況があります。〔…〕」

これほど露骨でなくても、似たような内容の疑問は、善意で意見をのべてくださるかたのなかにもかなりあるようです。

記事では続けて、「私たちは、こういういい分にたいして逆に、問い返したい。なぜ、赤人君を「エリート」に仕立てあげて差別し、はじきだすのかと。」と、運動が大西赤人の直面する問題の解決だけを目的としているのではないことを強調した。

同様のことは第六号（一九七二年七月二〇日）の「再受験拒否の思想――大西赤人くんインタビュー――」でも話題に上った。赤人は、受験競争批判の観点から運動に疑問を呈した浦和高校新聞部の生徒Nの考えに、「Nさんの考え方は、個々の問題は別にして、パッと大前提からひっくり返さなくてはいけないという考え方ですからね」「燃えている家は消さないで、早く大きいビルを建てよう建てようというのが、Nさんの考え方なんですよ」と問題点を指摘している。このように広汎な「エリート」批判を先に立て、個々の差別の苦しみを回収してしまうような議論では、浦和高校が大西宅から比較的近く身体負担が軽くなるという、学力レベル以外の個人の現実的事情が顧みられないため、結果として障害者側により負担を強いるのも特徴的といえた。

「エリート」性への反発については二〇一一年の聞き書きでも大西赤人により語られている。[7]批判者が「障害をもつ子供の家族、身内の方」であったこと、「「実現する会」の一周年の時か何かに行ってたんですけど、やっぱりそこの場でも何かそういう発言が出て〔…〕異論を言った記憶ありますね。」という発言から、「再受験拒否の思想」以降にも根強くあった批判だったことがわかる。これは、『人権と教育』準備第二号、準備第三号（一九七二年四月・日の記載なし）で埼玉大学の障害児教育研究者である清水寛が指摘している「就学猶予・就学免除」が広く適用されすぎている問題[8]や、健常者も含めた受験競争全般への批判といった、当時の社会問題と絡み合いながら出て来たものだろう。また、受験競争批判の文脈がなくとも、進学校ではない高校に入学したほうが負担が少ないのではといった「善意から発せる意見」を「何度も聞いた」ことを、大西巨人は「坂田文部大臣への公開状」のなかで述べている。

しかしこの「善意」は、大西の表現によれば、客観的には「差別を固定または促進」する方に作用するものであった。障害をもつ人々は健常者よりも善良・謙虚であって、必要最小限の権利行使で満足すべきだというような、有形無形の悪意なき圧力があるというのは、現在でもまま見られる問題である。

この他にも「実現する会」の初期活動には様々な困難があったようである。一九七二年二月二三日には、埼玉県議会に請願書を出すために必要とされる各議席政党の紹介議員のうち、日本共産党が紹介取り消しを通告した。[9]大西巨人は後年、自分が党中央に反対の立場をとっていたことがこの対応に影響したとの見方を示し、批判している。[10] また、結成間もない障埼連（障害者の生活と権利を守る埼玉県民連絡協議会）の県に対する統一要求では、会が提出した「大西赤人君を浦高に入学させるよう行政指導してください」という一文が、固有名詞が登場する要求はふさわしくないとして「準備会」による多数決で削除された。[11] これは前述した、浦和高校進学が「本人にとって幸せか」という支援者側のパターナリズムにも結び付けられたといい、当時の市民運動のなかで「実現する会」の方向性がすんなりと受け入れられない場面もあったようである。

運動はこの後、一九七三年三月に大西巨人が刑事告訴・告発に踏み切ったことによりひとつの転機を迎える。大西の発言や態度についての検討は３節に譲るが、結果としては不起訴（最高裁判所への特別抗告も棄却）となり、また時間の経過とともに浦和高校入学が大西赤人の実生活における意義を失ったこともあって、「実現する会」の活動と大西巨人・赤人との間には自然に距離が生まれたようである。『人権と教育』誌面への登場も、「面談「大西赤人問題」今日の過渡的決着」が初出する『巨人批評集』（秀山社、一九七五年八月）の出版に伴う、第四一号（一九七五年一一月二〇日）・第四二号（一九七六年一月二〇日）分載のインタビューを最後に見られなくなっている。

また大西による特別抗告が棄却された一九七四年の秋からは、「実現する会」は新たに浦和市の全盲の女児・浅井一美が健常児とともに小学校で学ぶための支援に力を入れることとなった。彼女の小学校入学は実現し、「実現する会」ははっきりとした運動成果を得ることができた。その後も、他の視覚障害児童の支援や、埼玉県久喜市の「就学猶予」による未就学児童解消運動に「実現する会」は取り組んでいったが、[12]これらがいずれも小学校で障害児童が学ぶことへの支援であり、大西赤人のような高等学校（とりわけ進学校）への入学拒否を争うものではなかったことは注意しておいていいだろう。これらの運動は、大西赤人が直面したような運動参与者の一部からの「エリート」批判を受けるリスクがなく、また障害者とその家族が大西親子ほど強い発言をしないこともあって、支援側のパターナリズムと衝突する心配も少ない構図であったと考えられる。

不起訴・時間の経過・他の障害児童支援の活発化など多くの要因が重なり、「浦高問題」は「実現する会」の活動のなかで後景に退いていく。刊行物としては一九七六年八月に梅根悟監修『シンポジウム障害者教育（1）障害者教育をどう考えるか』と『シンポジウム障害者教育（2）障害者教育をどう進めるか』の二冊が明治図書新書として出ているが、「浦高事件」は（2）の巻末資料のうち「一、大西問題の意味を問い返しその継続的なたたかいの方向性を明示する」という活動総括記事として触れられているのみであり、それも一九七三年の告訴・告発の時点までの内容で、特別抗告棄却などの顛末には触れられていない。この時点で、会としての「浦高問題」への個別的関心は相当に薄れていたと見ざるを得ないだろう。一九七九年三月には、会名から「大西問題を契機として」をはずして「障害者の教育権を実現する会」となった。[13]ただしこれは、会設立の一年後ごろに大西巨人側が、会名から固有名を外して「普遍化しろっていうようなことを求め」たことがあったという証言があり、[14]関係が冷え込んだ表れというよりは、成果が上がり運動実態とも合致したタイミングで過去の要望が実現されたと考えるほうがいいだろう。

次節では、最後のインタビューが『人権と教育』に載った一九七六年一月を区切りとし、大西巨人が関わりを持った時期の「実現する会」の活動と、大西の文学との関わりを検討する。なお、大西巨人旧蔵書調査で所蔵が確認された「実現する会」会報の『はらから』は準備第一号から第四九号（一九七四年一一月一三日）までで第一九号・第二九号が欠けており、『人権と教育』は準備第一号から第一〇一号（一九八一年一一月二〇日）までであった。

3　大西巨人の発言と運動の連関——七〇年代前半における教育問題と法

一九七三年三月一五日、大西巨人は入学拒否当時の浦和高等学校校長・柳瀬忠、中谷埼玉県教育長、教育委員長ら九名を「瀆職ノ罪」（職権乱用罪）で浦和地方検察庁に告訴した（同時に情実入学の疑いありとして「文書偽造ノ罪」（公務員虚偽公文書作成の罪）で告発）。これらは刑事告訴・告発であり、通常選ばれる民事訴訟による損害賠償請求ではなかった。この意図について、大西は告訴直後のインタビューで答えている(15)。

〔…〕世間一般のひとは、だれかが或る不正なことをやっても、それが法律上の犯罪にまでなっていないという場合にはそれほど悪いことをしたような気がしない。〔…〕ところで、教育行政上のこういう問題は明らかに犯罪であると私は考える。もちろん犯罪のなかにもいろいろあって、たとえば国事犯、思想犯などは、いわゆる破廉恥罪ではない。ところが、強盗とか殺人とか賄賂をとるとか火つけとかは破廉恥罪である。賄賂をとることも破廉恥罪ならば同じ「瀆職ノ罪」の職権濫用罪も破廉恥罪に分類さるべきものだというのが私の考えです。

ところが、教育行政の上では、そういう破廉恥な犯罪をやったほうも、それを悪いことをした気がなくて大きな顔をして白日のもとで横行しているし、されたほうも、けしからん不当だとぶつぶついいながらも、罪を犯したということとはちょっとちがうような見かたをしとる。これはひとつの慣習的な（官尊民卑的・権威追随的な）考えかたに侵されているということでしょうか。私は、そんなことではいけないということを、このさい明らかにしたい。つまり当然刑事責任を追及さるべきものであるからこそ、そうしたということなのです。

多くの人が内面化する「権威追随的な」考え方に疑義を呈する、ひとつの象徴的事例とすることを重視するため、大西はあえて判例から見れば不利な刑事訴訟を選んだのであった。同インタビューおよび「大西告訴の波紋――ジャナリズム関係を通して[16]」によれば、主要新聞各紙や『埼玉新聞』での報道をきっかけに、同様の高校入学拒否に遭って泣き寝入りせざるを得なかった身体障害者の母親をはじめ、全国から反響の手紙が寄せられたという。

大西巨人の態度として特徴的なのは、運動のきっかけとなった先述の「障害児にも学ぶ権利がある血友病の子を持つ親の告発」および「坂田文部大臣への公開状」（『婦人公論』一九七一年七月号）の時点から、一貫して「浦高問題」を具体的な法律問題、つまり「憲法第二十六条「教育を受ける権利」への直接の侵害であり、教育基本法第三条「教育の機会均等」への端的な背反である」[17]と捉えて抗議していることである。また、続く『婦人公論』一九七一年一一月号に掲載された「ふたたび文部大臣への公開状」では、文部省側が「回答ないし容喙する立場にいない」という態度を示したことに対し、大西は教育委員会への改善措置・調査権限を定めた「地方教育行政の組織及び運営に関する法律」第五二条・第五三条を根拠にして「たとえ高校校長の入学許可行為に違法、不正、不当があっても、都道府県教委も文相もただひたすら拱手傍観していなければならない、という考え方（法解釈）は、まさに非民主的・非人間的・犯罪的である」と指弾した。『群像』一九七三年五月号の、「教育・教科書・学校」をテーマに三名が寄稿した「一槌一語」では「教育差別は犯罪である」（後に批評集『時と無限』に収録された際に「学習権妨害は犯罪である」に改題）という直接的な表題で、告訴状・告発書の内容も引用している。

このような大西の態度は、当時において必ずしも特殊というわけではなかった。文部省の指示による全国中学校一斉学力テストが「不当な支配」に当たるかが問題となった一九六一年の「旭川学力テスト事件」や、教科書検定の是非をめぐる一九六五年からの「家永教科書裁判」など、教育裁判が社会の注目を集めるなか、一九七〇年八月、日本教育法学会が発足。一九七二年三月には一号目の年報（学会誌）が刊行された[18]。そこに収録された報告「障害者の「生存と教育」の権利——発達権保障の立場から——」で、清水寛は、教育を受ける権利について定めた日本国憲法第二六条の「その能力に応じて」という文言が、障害者を就学の機会において差別することを是認するかのように働き、能力を発達させる権利（発達権）を妨げていることを指摘する。その事例として、脚注扱いながら二箇所、大西の「坂田文部大臣への公開状」が参照資料として挙げられている。大西の運動が提起したものは、当時の学問的課題とも結びつくものであったのだ[19]。

2節で述べたように、清水は学会誌創刊と同時期に『人権と教育』にも就学猶予・免除問題批判を寄稿しており、「浦高問題」を憲法・教育基本法違反として捉える立場は早くから「実現する会」でもある程度共有はされていた。しかし、法律を主眼とする催しや記事が「実現する会」で目立って増えるのは、やはり大西巨人による告訴・告発を境としてである。

まず大西の告訴・告発についての直接的な解説を、会員の中崎章夫が「法律を民衆のものに――解説大西告訴・告発問題の法理諸問題」（第一四号、一九七三年四月二〇日）や「準起訴手続とは何か――解説大西告訴・告発問題の法理上の《ママ》問題・2」（第二三号、一九七四年二月二〇日）で行ったほか、一九七三年四月一四日に埼玉教育会館で開かれた総括集会では「大西告訴とこれからの運動」の題で討議が行われている。その記録記事「法律を民衆のものに[20]」によれば、「事務局で中心的に活動している人たちでも、告訴と告発の違いや民事と刑事の違いなどについての初歩的な知識をもつようになったのは、大西氏の告訴があってからと言っても過言ではないのが、いつわらざる実情である」とあり、社会への問題意識が高い人々が集まっていたであろう「実現する会」においても、法律を実生活に具体的に関わるものとして意識させたのは大西の告訴であったようである。

続く第一六号（一九七三年六月二〇日）は特集「法律と教育と人権と」と銘打ち、二―六頁にわたり家永三郎へのインタビュー「教科書裁判と教育の理念を問う」を掲載した。三次にわたった家永訴訟のうち、日本史教科書の検定不合格処分の取消を求めた行政訴訟（第二次訴訟）については、一九七〇年七月に東京地方裁判所の杉本良吉裁判長が教育権の主体は国民にあるとし、教科書検定を憲法第二一条二項「検閲の禁止」および教育基本法に反するとの判決を出していた。家永訴訟については前出の中崎章夫も第一四号の寄稿文のなかで触れ、「戦後の教育行政のありかたへの批判として、教育の分野ではたした役割はすこぶる大きいものがあった」と評価しつつ、それに連なるものとして大西の刑事告訴を位置づけている。

インタビューで家永は、刑事告発の場合「イニシアティブは全部検察官まかせにせざるをえない」ため起訴にこぎつける前に「運動などが冷却する虞れ」があることを指摘した上で、「民事訴訟の場合には訴えが適当である限り裁判所は審議せざるを得ない。門前払いをくわされないような形で裁判所にもちこめば、否応なく国家権力の側がわれわれと対等な立場で法廷で相手をしなければならなくなる」と民事訴訟を選んだ理由を説明した。２節で見たように、結果として大西は法廷では争えずに終わったため、家永の危惧は正しかったといえる。編集部側の「運動をすすめるうえで、たぶんだめだろうということでは、すすめられませんから、宣伝のうえで私たちとしては、検察官はとりあげざるを得ないだろうというふうに啓蒙宣伝活動をやって」という言い回しには既に、理念先行の大西と、理解を示しつつも実際的成果を望む会事務局との間に温度差があることもいくぶん感じられよう。

とはいえ、家永が『人権と教育』に登場し、障害児教育について「内面にもっている可能性をできるだけ発揚できるように、親なり社会なりが条件整備をする義務がある」と会の方向性を肯定したことの象徴的効果は高かったはずである。大西の告訴も、杉本判決が記憶に新しい時代だからこそ、比較的関心を集めやすかったと思われる。雑誌『教育』では、当時埼玉大学生で「実現する会」事務局員の斉藤光正が「浦高問題」の経緯を記し、告訴・告発を批判する「『長い物には巻かれろ』的な意識」「大衆の邪悪なる『常識』ともたたかわねばならない」と強い調子で述べた。[21] また大西が途中まで『神聖喜劇』を連載していた『新日本文学』でも、一九七三年一〇月号に正木欽七（小学校教諭。石田甚太郎の筆名で作家活動も行う）が「大西告訴・告発の意味——経過と現状報告」を寄稿し、「ところで私たちは、運動のなかで、法律が民衆から大変に遠いものになっていることを、あらためて知った。「裁判ざたにまでなった。」という声は、裁判問題をおこすことは悪であるという考えが根強い証拠である。このようでは人権を確立してくことは絵空事でしかない。」と、一般の人々が法への関心を高めていく必要性について、「実現する会」の外部にも訴えようとした。

以上を踏まえて注目したいのは、この時期の『人権と教育』に登場するキーワードである、「法感覚」あるいは「法感情」だ。第一八号（一九七三年八月二〇日）掲載の、大西巨人も参加し八一名が集まった同年七月二一日のシンポジウム「法律を私たちのものに——大西告訴・告発をめぐって——」の記録記事には「古い法感覚の転倒を！」の表題が付いている。本文には「古い法感覚」に代えて「古い法律観」という表現があり、会事務局・山田昇が報告のなかで「近代の法律観にてらしてみれば国民の公僕であるべき公務員の職権濫用罪は本源的な犯罪であること、しかし公務員職権濫用罪の適用は（教育関係ではとくに）非常に少ないこと」「運動の意義は、以上のような役人にたいする〝お上意識〟を民衆のあいだからとりさり、それをささえる古い法律観を転とうさせることにある、と指摘」したという。これは前出の告訴直後のインタビューで大西が述べた「慣習的な（官尊民卑的・権威追随的な）考えかた」の問題を、会として言い換えたものといえよう。

一方、「法感情」という表現は、第二二号の大西インタビュー[22]にみられる。該当部は「大西さんの告訴・告発問題を通じて、われわれがいかに法感情に乏しいかを思い知らされ、討論し、学習し」（本文）と「法感情の変革を」（小見出し）、それに続く「検察官の意識・思想と、わたしたちの法感情との、かなりのちがいを、わたしたちは見たわけです」（本文）の三ヶ所である。いずれも編集部による表現で、本文での使用のうち前者は法についての基礎知識や勘、後者は専門家でない人の法律に対する意識、といったニュアンスが入り、意味に若干の揺れが感じられるが、大西がそれに対してその場で異論を挟んでいる様子はない。ところが大西は、「法感情」という語についてインタビュー翌日の一月八日夜に編集部あての手紙を書いており、同号一〇―一一頁にはそれが縮小掲載された。去る一九七三年一二月二二日の『人権と教育』合評会で、「法律の知識」というよりも「法の感覚」「われわれの権利が侵害されているんだろうということを予想する感覚を自分たちのものにしていく」べきと発言したことに関して、「私は「法感覚」の語を用いましたが、それは「法感情」のほうが、よりよいでしょう。」と訂正を申し入れるという内容である。その根拠として、大西は手紙に、日沖憲郎訳のイェーリング『権利のための闘争』[23]から次のように三ヶ所を引用した。大西が添えた注記を含め左に示す。

「悟性ではなくて感情のみがこの《権利についての》問題に答えることができる。さればこそ言語があらゆる法の心理的源泉を法感情と名づけているのは正当である。法意識、法的確信は学問の抽象であって、民衆の知らざるところである。」

「法感情が自分に加えられた侵害にたいして実際上反応する力こそは、その健全さを測る試金石である。」

「敏感性、すなわち、権利侵害の苦痛を感ずる能力と行為力、換言すれば、攻撃を撃退する勇気と果断とは私見によれば、法感情の二つの規矩である。」

手紙の日付から見ても、編集部側が「法感情」という言葉を使ったことをきっかけに、改めて手元の『権利のための闘争』を読み返し、語義を確かめたと思われ、運動を行うなかで大西が概念規定を積極的に地固めした一例といえるだろう。

なお先のインタビューの収録は、浦和地方検察庁から「嫌疑不十分」および「嫌疑なし」で浦和高校関係者および県教委関係者を不起訴とする通知が届いた当日（一月七日）に行われており、大西の憤慨はすさまじく、「法治国家とか法理主義とか口の先でいっている連中自身が、道理に立った告訴とか、告発をかかるやり方でふみにじるならば、爆弾でも持っていって県庁を爆破するなり、教育委員会や浦高当局の連中なりをぶち殺すなりしたらいい、という気持に国民を追い込むことになる、結果において。」とまで表現し、石川啄木の「やや遠き者に想いし／テロリストの悲しき心も／近づく日のあり」

（『悲しき玩具』）を引用するほどであった。とはいえ、実際の次の行動としては、職権濫用罪の不起訴に不服がある場合に直接裁判所に公訴提起を求める「準起訴手続」（付審請求）をとることを表明している。

その付審請求も棄却されたものの、大西はさらに東京高等裁判所に抗告を行った。直後の、『人権と教育』第二四号（一九七四年三月二〇日）掲載の大西インタビューには、「一人一人の法感情を変革しよう」という小見出しがある。該当部では、正木欽七が、「大西さんの法律闘争から直接学んで」自身の里子の税控除について厚生大臣と埼玉県知事に内容証明を送り、高校卒業まで控除を延長させることに成功したというエピソードが聞き手の編集部によって紹介され、「法感情の一般的な変革ということでなくて、それが基礎になって、具体的な行動をやっているような人もでてきている。」という評価が述べられた[24]。ここにおいて、「法感情の変革」の意味合いは「鈍っていた権利侵害の苦痛を感じる能力を鋭敏なものに変えること」といった意味と捉えることができ、第二二号で大西が提示したイェーリングの「法感情」の用法が、編集部との間で共有されたといえるであろう。

関連して興味深いのは、教育法・行政法の専門家として家永訴訟に関する著述も多い東京都立大学の兼子仁が、前出のシンポジウム「法律を私たちのものに」でのパネリスト発言の活字化である「法律の〝解釈〟をめぐるたたかいの意味――大西告訴・告発によせて――[25]」で、次のような発言をしていることだ。

法律の解釈といいますと、条文を目安にして法律の正しい内容を決めること。そうしたことができるかどうかということを法学、法理学で研究するのです。法律をどの程度正しくはたらかせるかということのためには、条文だけではあまりはっきりと決まってこない。〔…〕条文の正しい読み方ということも必要かと思います。条文のことばだけですべてが決まってしまうわけではない。どうしても解釈が必要になるわけですね。

〝法律は守らなければいけない〟ということはよくいわれます。しかしそれで守られるべき法律とは一体どういったものなのかということこそ問題なのです。ここに解釈ということが重大な争点としてでてくるのです。

まず私ども国民が、その解釈についてなんの発言も主張もしないと、大部分はお役所でお役人の解釈で通されてしまいます。それが行政の運用です。〔…〕そこで、ひとたびその点に疑問が生じたときには、お役所の解釈を変えさせる、そして私たちが正しいと考える解釈を強くもたなければいけません。

これは同号のシンポジウム記録にある「古い法律観を転とうさせる」という山田昇の主張と対応するものであると同時に、法の条文を自ら解釈し「正しくはたらかせる」よう主張するという、『神聖喜劇』の東堂太郎二等兵が試みた法の「逆用」（慣習的に上官上級者による抑圧の根拠にされていた法を、条文の精査によって逆に自分たちの権利を守る武器とすること）と同じ考え方を主張しているといえそうである。

法の「逆用」自体は、もちろん「浦高問題」以前に小説に登場しているが、このような形で実際の運動の中で姿勢を共有されたことは、大西の思想のさらなる具体化を促したのではないか。かたや、一九七四年五月二日の最高裁による特別抗告棄却決定を受けて大西が、文部省の通達自体は法に準拠するたてまえで出されており「具体的適用において」「結果として憲法違反をよびまねいているのであろう」という予見を覆され、「最高裁判所までが、いわゆる内申制度のあのような具体的適用・実際的運用が、指導要領や通達から必然的に出てくるのであることを公認したことになる」「こういう調子じゃ、日本の法治主義とか、裁判制度とかいうものは、実になんら信頼に値しない[26]」という失望に直面したことも、軍隊の法治主義的側面を前提として主人公が抵抗する『神聖喜劇』に、影響を与えずにはいなかったのではないか。このような問題設定のもと、次節では『神聖喜劇』の場面の具体的な検討を行いたい。

4　文学による運動としての『神聖喜劇』――「浦高問題」以降の特徴

一九七三年三月の浦和地検への告訴後のインタビュー[27]のなかで、『人権と教育』編集部は、告訴・告発状を「文学的な作品としても」読み、「権力を告発するユーモアみたいなものがあるんじゃないか」と大西に問いかけた。それに対し大西は、「もしそう読まれたとすれば幸せですがね。それからユーモアというと真のユーモアがそういうものでなけりゃならんでしょう。だから〃フモール〃とドイツ語でいうたほうが、権力とか世の中の悪ということに対して激発する怒りというか、そこに含むなにものかをあらわすような気はしますね」「それはある場合、人を怒りに導びき、また笑いに導く」と肯定的に返答している。「権力」「世の中の悪」を「フモール」をもって、また3節でみたような法の条文を根拠として批判するという要素は、すでに述べたように一九六〇年一〇月から『新日本文学』で一〇年間連載をしたあと、「浦高問題」のあいだ発表が中断されていた長編小説『神聖喜劇』と共通する。

　田坂昴は『新日本文学』一九七三年一〇月号に大西赤人・大西巨人の共著による作品・批評集『時と無限』（創樹社、一九七三年七月）の書評を寄せたが、その中で彼は「特殊に文学上の興味という点でいえば、戦後における文学的成果の上で実にユニークな高峰的達成ともいうべき長篇『神聖喜劇』の創造上の問題との内的連関というところへ私の目はゆく」「それは基本的人権の侵害にたいする「憤」の普遍化（私憤から公憤へ）としてとらえることができるのであるが、巨人氏にとってそれは「人間・言語表現者としての私の当為」なのだからである。いいかえれば、人間かつ作家の当為として巨人氏は事件に立向っているのだからである」と、「浦高問題」との闘いは作家・大西巨人としてのものでもあることを端的に指摘した。

　「私憤から公憤へ」とは、『時と無限』にも収録された「障害者にも学ぶ権利がある」のなかの「実質上この「私憤」は「公憤」にほかならぬ」という一節を踏まえた表現である。これは大西の「浦高問題」にたいする姿勢を象徴する言葉といえ、読者層に配慮して柔らかい語り口となっている雑誌『母の友』（一九七一年一〇月号）のインタビューでも、その表題は「私憤を公憤へ　身障者は高校にはいれない?」であった。告訴・告発後に発表した「「私憤」の激動に徹する」[28]で、大西は作家としての出発期（一九四九年）に発表した志賀直哉論「文芸における「私怨」」[29]で記した「作家は、彼一己《ママ》の私事、私人関係、家常茶飯に起因せる各種「私怨」についても、丹念にその社会的・歴史的意義を検出して、正当に反応しなければならない。また同時に、作家は、彼一己《（ママ）》と私的・個人的・直接的には当面無関係な歴史的・社会的諸事象にたいしても、旺盛に各個「私怨」を激発して、主体的に格闘すべきである」という部分を自己引用した。ここにおいて大西は、改めて「浦高問題」との闘いを作家としての活動のなかに位置づけようとしたと考えられる。そして、この「文芸における「私怨」」のなかに、早くも「神聖なる喜劇」という言葉が、「当事者が関係の特殊性による制約ないし束縛を超克せる際」——つまり「私怨」を「公怨」まで普遍化できた際に実現されるものとして登場することは、あまりに示唆的ではないだろうか。

「浦高問題」当時、『神聖喜劇』は決定版の第五部第四「階級・階層・序列の座標」の六の途中までが『新日本文学』一九七〇年一〇月号に発表され、光文社のカッパ・ノベルスで一九六八年一二月に一・二巻、一九六九年二月に三巻、同七月に四巻（『新日本文学』一九六九年八月号掲載分まで）が刊行されたところで中断していた。物語としては、兵器損傷事件と冬木二等兵への濡れ衣が表面化する直前、何らかの重大事件が兵営内で起きたことが匂わされる段階である。これより先は、最高裁への特別抗告棄却より後、『文芸展望』一九七四年一〇月号に「奇妙な間狂言」（第六部第二の大部分）、『社会評論』一九七六年一月号に「大船越往返」（第五部第二）、『社会評論』一九七六年三月号に「春宵狂詩曲」（第五部第二。単行本化の際「寒夜狂詩曲」に改題）という順で断続的に発表され、それ以外は書き下ろしとして一九八〇年四月の四六判単行本に初出し、完結に至る。そのためここでは主に、一九七四年一〇月の発表再開以降の『神聖喜劇』の内容に、「浦高問題」関連言説との関わりがみられるのかどうかに注意を払いながら検討したい。

批評家の鎌田哲哉は二〇一一年の聞き書き[30]のなかで、「面談「大西赤人問題」今日の過渡的決着」での「はじめは、『神聖喜劇』的な問題性が現実の教育にかぎらぬ差別の問題に作用してくるようにと考えていたのですが、こんどは逆に現実の経験が『神聖喜劇』という作品に還流していくでしょうね」という大西の発言を踏まえて、その「還流」の具体例として、主人公の東堂たちを邪魔する「厳原閥」の初年兵たちの描写と、「法感情」に関わる『権利のための闘争』の引用があるのではないかと述べている。大西との会話のなかで、「浦高問題」では反エリートを唱える人々による誹謗・妨害が激しかったという話題が出たため、鎌田は学歴主義的な「厳原閥」との関連付けは自ら取り下げたが、作中でイェーリングの存在感が強まったという指摘は的確だと思われる。

『神聖喜劇』で最初にイェーリングが引用されるのは、『新日本文学』一九六七年二月号掲載分で、「浦高問題」が起きる前である。感冒が流行る時期は許可を得て防寒用の私物被服を着てよいという規定が、初年兵たちが上官を恐れるために有名無実化していることにたいして、「権利の主張ないし行使」をすべきだと考える場面で、東堂二等兵は『権利のための闘争』から二つの文を想起する。ひとつは、権利は主張してはじめて力が発揮されるという内容の、次のような部分である。

もし私人がその権利の不知よりすると、もしくは安逸ないし怯懦よりするとを問わず、なんらかの関係で継続的かつ一般的にこれを等閑に附するとすれば、法規は事実上無力になってしまう。そこでわれわれは、次ぎのように言ってよい。私法の諸原則の現実性、その実際的な力は、具体的権利の主張のうちに、かつその主張にあたって、確認せられるのであって、権利は、一面において生命を法規から受け取ると同様に、他面において法規にその受け取った物を返し与える。

もうひとつは、本稿3節で言及した、大西が『人権と教育』編集部に送った手紙のなかで引用していたものを一部略した「権利侵害の苦痛を感ずる能力と行為力、換言すれば、攻撃を撃退する勇気と果断とは、法感情の二つの規矩である」という箇所で、訳文も手紙と同じ岩波文庫の日沖訳である。二度目の引用は、「浦高問題」以降に書かれたと考えられる第六部の第二「法」であり、過失による兵器（銃剣など）の破損でさえ『陸軍刑法』の罪になると新兵に思い込ませ抑圧するような上官の言葉（上官本人もおそらく、過失でも罪に問われると誤解している）に対応して、編集部への手紙と全く同じ「法感情」に関する部分が引用されるのだ。その上で地の文の語り手を兼ねる東堂が「件の「妖言」横行現象は多数下級者兵隊（民衆）における「法感情」の鈍感性あるいは不健全性を表象的に物語っている」と評するのは、『人権と教育』誌上で繰り返された「法感情の変革を」という呼びかけと彼此照応している。

そして三度目にイェーリングが関わる箇所は、第八部第一「模擬死刑の午後」五の2にみられる。ここではまず、先の第六部第二で取り上げられた、過失による兵器損傷は罪に問われないはずだという「「法感情」的な推定の法制的正当性」を、『陸軍刑法原論』を読んで東堂自身が「「法意識」的または

「法的確信」的に見届け得た」（確認できた）と述べられる。つまり小説の中で東堂は、「学問の抽象」であるとイェーリングが述べた「法意識」「法的確信」と、より「民衆」に近い「法感情」の両方をもって、問題に立ち向かうことができる存在として登場するのだ。

加えて、これに続く場面は『権利のための闘争』を介して、同書で高く評価されているクライストの小説『ミヒャエル・コールハースの運命』を東堂が想起する構造となっている。被差別部落の出身で「前科者」である（正確には不慮の事故で人を死なせてしまった）ことから偏見の目で見られている冬木二等兵が、兵器損傷の濡れ衣を着せられている現状を打開するために、東堂は上官に意見具申することを考える。恐れ後込みする自分自身の心を、東堂は「一再ならず私が読んで感動した小説」である『ミヒャエル・コールハースの運命』のなかの「自分の受けた侵害については賠償を得るべく・また同胞のためには将来の侵害を防ぐ保証を得るべく全力を傾注することが、世間にたいする自分の義務である」などの言葉を思い起こして励まし、それを「私自身にたいする言わば「定言的命法」」とするのであった。この部分こそ、「慣習的な（官尊民卑的・権威追随的な）考えかた」を克服し自分たちの権利が侵害されていることに気づく力＝「法感情」の重要性が語られるとともに、「浦高問題」をめぐる運動で強調されていた、「私憤を公憤へ」、ないし「実現する会」が発足当初に表明した「大西赤人君の浦高入学実現のために断固として運動を進めることが同時に、各地で教育権をうばわれている障害者に対する支援である」という考え方が、『神聖喜劇』にもっともはっきりと「還流」された箇所といえるのではないだろうか。

一方、現実の運動のなかで直面した負の経験も、やはり『神聖喜劇』には導入されている。第七部第三「喚問（続）」の一の2において、誘導尋問的に東堂を追い詰め「反軍的」「反国家的」人物として規定しようとする片桐伍長を前に、東堂は「（悪質）転向者」の特質を感じ、「ブルジョワ法治主義の限界についての認識（あるいは当代支配権力にたいする合法闘争の限界についての認識）」を改めて思い返す。「不動の最上法源」＝支配者としての天皇があるかぎり、そこに行われているのは「特種の法治主義」「特種の制定法」でしかなく、希望はないのではないか……。この答えの示されない問いは、第五部第二「寒夜狂詩曲」の（4）、第七部第七「早春」二の2と繰り返され、さらに先ほどの三度目のイェーリング引用の直前にも現れるが、これらはいずれも「浦高問題」以後に書かれた箇所である。すなわち最高裁の特別抗告棄却などにより生じた、法治主義への信頼のゆらぎは、『神聖喜劇』のなかのアポリアとして刻みつけられることとなったのだ。

そして、この問いとともに現れる、左翼的言辞によって一見「論理（主義）的」に東堂たちの闘いを妨害する「（悪質）転向者」片桐伍長のなかに、「厳原閥」に代わって、「実現する会」の活動初期に突然運動への協力を取り下げた日本共産党や、運動内部または周辺に存在した妨害者たちの影をみることも不可能ではないだろう。一般的に運動の外部に出ていき言行を反転させた人々を指す「転向者」を、内部の妨害者と結びつけるのは強引に見えるかもしれない。だが、片桐伍長にたいしては「（悪質）転向者」と並列させて「似非共産（マルクス）主義者」「（低級）インテリ」という表現が地の文の語りにおいて使われており、表層的な「論理（主義）的」傾向に陥って実質的に抵抗の本質を取り逃す人々（例えば受験競争批判から「浦高問題」を矮小化するような人々）とも、片桐伍長は地続きとなっているのだ。加えて、『神聖喜劇』で明らかな「転向者」（片桐伍長および、第六部第六「朝の来訪者」で回想的に登場する東堂が勤めていた新聞社の先輩社員・我妻）が描かれるのは、「浦高問題」以後のことなのである。

ただ、『人権と教育』第二四号（一九七四年三月二〇日）のインタビューにみられる大西と編集部の次のやりとりに注目すると、大西は必ずしも「ブルジョワ法治主義の限界」を絶望的な壁としてはとらえていなかったのかもしれない。

編集部　〔…〕えてして、革命的な立場に立つといわれる友人達が、君は、ブルジョワ国家における裁判とか法律とかに対して、全然知らないじゃないか、現に破防法裁判で司法反動がこんなに進んでいるのに、法治主義の建前を通そうなんてのんびりしている、というようなことをいわれる。しかし、こういう考えは全く間違いだと思う。「実現する会」は即、革命的変革を志す運動ではないわけですけれども、右のような考えでいく限り、そういう人は、革命的変革の糸口すらつかめないと思うのですね。

大西　わたしもそう思います。現在の状況のもとで、出来る限りそこにあるものを、テコにして、おおもとのものに迫っていくという努力をしないで、なにか突如として、天の一角がひっくりかえるなんて、ないだろうと思います。またそうでなければ、労働組合運動とかはナンセンスになりますね。

奇しくも、大西赤人が反受験競争、反エリートの文脈からの運動批判に対し、それでは「個々の問題は別にして、パッと大前提からひっくり返さなくてはいけないという考え方」だと反論したこと（本稿2節）と共鳴するように、大西は「ブルジョワ法治主義の限界」に直面しても、破壊的な転覆ではなく地道に「おおもとのもの」に迫るべき、という立場にあくまで立ち続けている。それは第八部第二「模擬死刑の午後（続）」二の4で表明される「腕力ないし暴力は、たとえそれがその人に相当あったにしても、人が本来頼るべからざるもの・窮極的に頼り得ざるものでなければならない」という東堂の暴力否定思想とも照応するようである。「浦高問題」をめぐる運動は、「法感情」の健全化の必要（正）と、「ブルジョワ法治主義の限界」への恐れ（負）に暴力革命に走ることなくいかに対するかという、『神聖喜劇』の重要なモチーフを大きく育てたといえよう。

5　まとめにかえて――「神聖な義務」論争、そして現代的課題へ

これまで見てきたように、一九七〇年代前半の「浦高問題」は、大西赤人の入学拒否の撤回ないし、障害者が教育を受ける権利の侵害を刑事裁判で争い象徴的事例とするといった運動目的においては成功しなかった。しかしながら、「障害者の教育権を実現する会」の基礎を成立させたこと、発足したばかりの日本教育法学会の活動ともわずかながら繋がりを持っていたことなどは、戦後の市民運動の足跡のひとつとして見直すことができるだろう。また、大西巨人の文学活動においても、「浦高問題」は「私

怨」の普遍化が文学の条件であるという戦後出発期の姿勢を振り返る契機となり、また代表作『神聖喜劇』の差別や権力の圧迫に対する合法闘争というコンセプトをより深めたと評価できるだろう。

しかし一方で、『神聖喜劇』が完結した一九八〇年、大西が再び、子の遺伝的疾病に対する差別・偏見と直面することになったことも、確認しておかねばならない。二〇一七年四月一八日に没した渡部昇一によるエッセイ「神聖な義務」[31]がそれである。『週刊新潮』一九八〇年九月一八日号に掲載された、「一ヶ月の医療費一五〇〇万円の「生活保護家庭」大西巨人家の「神聖悲劇」」という、赤人とその弟・野人の血友病医療費に関する記事を下敷きに、渡部は「遺伝性であることがわかったら。第二子はあきらめるというのが多くの人の取っている道である」「未然に避けうるものは避けるようにするのは、理性のある人間としての社会に対する神聖な義務である。現在は治癒不可能な悪性の遺伝病をもつ子どもを作るような試みは慎しんだほうが人間の尊厳にふさわしいものだと思う」と記した。大西は渡部の言辞を優生学的な「ヒトラー礼賛」として強く批判し、その後も事実関係の間違いの指摘を含め渡部に抗議する文章を複数公表した[32]。

また『朝日新聞』は一九八〇年一〇月一五日にこのことを報道、『人権と教育』も半ページではあるが「馬脚をあらわした障害者抹殺の思想——渡部昇一を断じて許さない——」[33]と題した批判記事を載せるなど、多くの反論があがったが、渡部側は単行本『古語俗解』（文藝春秋、一九八三年六月）のあとがきで「筆禍事件のようなこと」と片付けたのみであった。「神聖な義務」論争は社会的な決着をつけられないまま幕引きされることとなったといえよう。

そもそも『週刊新潮』の記事は、医療費の高騰・扶助拡大問題といった文脈で掲載されたものであり、大西に関する記事の末尾も「福祉天国日本は、いつの日かパンクすることだけはハッキリしているのである……」と結ばれていた。このような、社会保障が保てないのではないかという不安を煽る文言は、ほとんど現在（二〇一八年）と変わらない。むしろ日本社会が経済力を失い、将来への不安や、やり場のない弱者意識が拡大している現在のほうが、より剥き出しかつ広範囲に、「神聖な義務」を変奏したような言説や暴力が流通してしまっているのではないか。

例えば二〇一六年七月二六日、神奈川県相模原市の知的障害者福祉施設「津久井やまゆり園」で一九人が殺害、二六人が重軽傷を負わされた事件では、犯人が「重度障害者は安楽死させたほうがよい」という趣旨の主張をしていたと報じられ、衝撃をもって受け止められた。また九月には、社会保険制度の危機を主張するフリーアナウンサーが、人工透析患者は「自業自得」と断じ、費用は自己負担し無理ならば殺せとまでブログで表明し、多方面から批判を浴びた。これらは一見特異な事例のようにみえる。しかし、このような行為や言説を下支えする「おおもとのもの」たる思想は、日本社会に広く存在するのではないだろうか。

すなわち、受験競争に苦しめられている「被害者」だと自己規定する健常者が、目の見えない「かわいそうな」児童が小学校に入ることは歓迎しても、大西赤人が進学校に入学を望むことは「障害者らしくない」エリート主義であると非難したような自覚なき差別、己と条件の異なる他者の権利が抑圧されることに対する驚くべき鈍感さ——いわば「法感情」の鈍さである。個人の基本的権利さえ、上から与えられ許されるものかのように語られる日本社会において、このことは戦後を通して今なお残り続けている問題のひとつとして、再検討する必要があるはずである。

（1）大西美智子『大西巨人と六十五年』（光文社、二〇一七年一二月）

（2）大西巨人「ハンセン氏病問題　その歴史と現実、その文学との関係」（『新日本文学』一九五七年七・八月号）

（3）大部淳夫「大西問題（身障児入学差別）とその提起するもの」（『教育』一九七二年二月号）

（4）「大西問題を契機として障害者の教育権を実現する会」が『人権と教育』以前から発行した会報である『はらから』第一二号（発行日記載なし、ガリ版刷り）に記載された数字。『はらから』の原資料は、大西巨人旧蔵書資料調査（二松學舍大学東アジア学術総合研究所共同研究プロジェクト・二〇一四〜二〇一六年度）で確認。

（5）大西問題を契機として障害者の教育権を実現する会『はらから』準備第一号（発行日記載なし、ガリ版刷り）より。

（6）大部淳夫「大西問題を契機として障害者の教育権を実現する会―今日までの動き―」（『教育』一九七二年三月）

（7）話し手：大西巨人・大西赤人・大西美智子／聞き手：鎌田哲哉・田代ゆき・山口直孝「大西巨人氏・大西赤人氏に聞く―浦和高校入学拒否事件をめぐって―」（『二松學舍大学人文論叢』第八七輯、二〇一一年一〇月）

（8）『人権と教育』準備第二号（一九七二年三月）と、準備第三号（一九七二年四月）に清水寛「権利に猶予も免除もありえない!!　―就学猶予・免除問題を中心に―」が分載されている。清水は「基本的人権への侵害であるという意味においては、そこにどれだけのちがいがあるといえるであろうか」（準備第二号）と

「浦高問題」と結びつけて問題化する必要を述べ、「保護者の就学させる義務の猶予・免除を、子どもの就学権の〝猶予・免除〟にすりかえている行政措置」の「違憲性」（準備第三号）を糾弾した。
(9)『はらから』第二四号（一九七二年三月三日）
(10) 注（７）に同じ。
(11)「《討論資料》偏見なき精神をもって！　公明正大な討論を!!　―「障埼連」への「実現する会」の質問状―」（『人権と教育』第一一号、一九七二年一二月二〇日）。第一三号（一九七三年二月二〇日）の一二頁によれば、質問状への回答はなく、「障埼連」事務局会議で「実現する会」の活動に対する事実誤認に抗議して一応の終息を迎えている。
(12)「大西問題を契機として障害者の教育権を実現する会・紹介」（『障害者教育研究』第一号、一九七八年一月）に簡便にまとまっている。
(13)「「実現する会」の転期と会名変更について―あなたも「実現する会」に入りませんか―」（『人権と教育』第七四号、一九七九年三月二〇日）
(14) 注（７）に同じ。
(15)「事態をこう考える―告訴・告発問題について聞く―」（『人権と教育』第一四号、一九七三年四月二〇日）
(16)『人権と教育』第一五号（一九七三年五月二〇日）
(17) 大西巨人「障害児にも学ぶ権利がある　血友病の子を持つ親の告発」（『朝日新聞』一九面、一九七一年三月三〇日）
(18) 日本教育法学会編著『教育権保障の理論と実態』（有斐閣、一九七二年三月）
(19) 大西巨人旧蔵資料のなかに、「謹呈／大西巨人様／赤人様」の添え状がある清水の論文「わが国における障害児の「教育を受ける権利」の歴史―憲法・教育基本法制下における障害児の学習権―」（『教育学研究』第三六巻第一号　一九六九年三月）の別刷や、清水による教育史学会第一四回大会課題研究報告の補足資料などがあり、大西との間に直接の通信があったことがわかっている。

(20)『人権と教育』第一五号(一九七三年五月二〇日)

(21)斉藤光正「大西問題とその後のとりくみ―大西告訴・告発問題にふれて―」(『教育』一九七三年六月一日)。なお同誌には以前にも大部淳夫が「大西問題(身障児入学差別)とその提起するもの」(一九七二年二月一日)および「大西問題を契機として障害者の教育権を実現する会―今日までの動き―」(一九七二年三月一日)に活動紹介記事を寄せている。

(22)「試錬に立つ法治主義―検察庁の結論を乗り越えて―」(『人権と教育』第二二号、一九七四年一月二〇日)

(23)大西巨人旧蔵書に、イェーリング著・日沖憲郎訳『権利のための闘争』(岩波文庫、一九三一年一〇月初版/一九六四年五月三二刷)が見られ、訳文がおおむね一致した。

(24)「請求棄却に接し、あらためて憲法と教育のおおもとを問う―真の出発点にたった「実現する会」の運動―」。なお正木欽七の具体的な活動については、同じ号の一四頁「なぜ私は厚生大臣に手紙をかいたか―里親制度の矛盾に突きあたって」で本人が報告している。

(25)『人権と教育』第一八号(一九七三年八月二〇日)。なお兼子仁は、日本教育法学会の年報第一号が出た一九七三年三月当時、学会事務局長を務めている。

(26)大西巨人「はたして正気の沙汰か―いま、最高裁決定を一読して―」(『人権と教育』第二五号、一九七四年五月二〇日)

(27)注(15)に同じ。

(28)大西赤人・大西巨人『時と無限』(創樹社、一九七三年七月)。『週刊朝日』一九七三年四月三〇日臨時増刊号初出。

(29)『巨人批評集』(秀山社、一九七五年八月)。『午前』一九四九年二月号初出。

(30)注(7)に同じ。

(31)『文藝春秋』一九八〇年一〇月二日号初出。なお「神聖な義務」はJ・S・ミルが『自由論』の中で、親が子に充分な教育をする義務を指して使った言葉でもあり、大西巨人は「ふたたび文部大臣への公開状」

のなかではその意味に沿って引用していた。それを踏まえると、子を産まぬ義務として使った渡部の用法は大西をより憤慨させた可能性もあるだろう。

(32)「井蛙雑筆　十七　破廉恥漢渡部昇一の面皮を剥ぐ」（『社会評論』一九八〇年九月）、「田夫筆録　二　指定疾患医療給付と谷崎賞」「三　前項補説」（『社会評論』一九八一年一月）、「田夫筆録　十四　渡部昇一の手口」（『社会評論』一九八一年一〇月）、「恥を恥と思わぬ恥の上塗り」（『朝日ジャーナル』、一九八三年八月五日号）など。

(33)『人権と教育』第九二号（一九八一年一月二〇日）。また北村健太郎「血友病者から見た「神聖な義務」問題」（『コア・エシックス』第三号、二〇〇七年三月）では、長期にわたり抗議を続けた団体として脳性麻痺者の「青い芝の会」神奈川県連合会と、渡部が勤める上智大学の「渡部昇一教授発言を契機に障害者問題を考える学生連絡会議」が挙げられている。

第6章　桐山襲とその「戦後」

――冷戦・身体・記憶

張　政傑

桐山襲『風のクロニクル』河出書房新社、一九八五年。

「すぐ風に飛ばされてしまう語彙にして拙さのみの記憶とならん」
——岸上大作

「各世代は、相対的な不透明さのなかにおいてそれぞれ自己の使命を発見し、その使命を果たし、ないしはそれを裏切ることになるはずである。」
——フランツ・ファノン

1　日本の「1968」

過去の経験を書くという行為には、二つの類型がある。一つは、経験を公共化すること、つまり歴史化ということである。近代の歴史はつねに権力の作動によって形成されたものであり、目的のあるものとされた。もう一つは、経験を文学的技法によって表象することであり、これは物語化と言うことができる。経験者か関係者が個人レベルで行っている物語化は、歴史化と重なりながらも、その間には不可避な齟齬が生じる。想像力の発動によって経験の隙間が埋められ作られる物語は、ある意味で歴史の補完であると同時にそれに対する抵抗でもある。

戦後歴史学の叙述は、国民国家の「国民」というアイデンティティを有する者が、同じアイデンティティを有する者に語る方法である。すなわち、従来の歴史学において行われてきた歴史叙述は、均一的な国民国家の「国民」を設定し、それを主語として排他的な「国民の物語」を語る役割を担っていたということである。[1] 国民国家の概念が揺らぎ、「国民」というアイデンティティも自明なものではなくなった時、例えば一九八〇年代からのグロバリゼーションが始まった時、前述したように国民国家の創造と維持の上で非常に重要な装置である「歴史」を再定義し、その「語り」を再考しなければならない。

この時期、この世界にいる自分の存在とは何かと自ら問い続ける「全共闘世代」に属する桐山襲の『風のクロニクル』（一九八四年）は、「歴史的想像力[2]」によって風化した過去の経験を語る作品として、ほぼ忘れられていた日本の「１９６８」に関する記憶を喚起していた。日本の「１９６８」というのは、一九六八年の学生運動のみをさすのではなく、全共闘運動も含めた一九六〇年代後期から七〇年代にかけての一連の反体制・反権威運動とその影響の総称であり、またアメリカやフランスなどの欧米の運動との同時性を強調するために使う言葉である。日本の「１９６８」を書くこの作品は、「国民」の歴史ではなく、逆にそれから削除された経験を物語化することによる、歴史化された「国民的経験」の補完であると同時に抵抗でもある。

『風のクロニクル』は明治末期の「神社合祀」に着目し、それを「全共闘運動」と一つの地平において捉え、「近代を撃つ」＝日本の反権力闘争の系譜を描く小説であるという論がある。[3] また、『風のクロニクル』は抑圧されたこの二つのトラウマ的記憶を物語化することによって、大文字の「歴史」＝「正史」に隠蔽された「現在」という価値体系の歴史性を暴きだす作品と考えられる。[4] したがって、この小説における「系譜」というのは、運動のセクト間の関係図を意味するのではなく、フーコーの言う「系譜学[5]」のように「現在」という「真理」の歴史性を意味し、そしてその可能性を問うことである。

厳密に言えば、日本の「1968」という過去の出来事は、完全には歴史化されていない「近過去」(recent past)でありながら、その歴史化のプロセスにおいて日本社会に察しにくい形で絶えず影響を与えている非常に重要なテーマである。完全には歴史化されていないとはいえ、集団的記憶を作り出す作業がすでに始まっているのである。「近過去」というのは、経験者がまだ存命しており、当時の経験と自らの記憶に基づいて発言する人たちの過去である。その証言は、出来事のテクスト化がすでに始まっているため、表象であるだけではなく、表現しえない形のない「沈黙」とも同時に存在するものでもある。そのような「近過去」が、いつ、どのような形で、どのようにわれわれの前に現れるのかというのは、「1968」を論じる際の、最も主要な関心である。

また九〇年代以降、「記憶」というキーワードを言及する際、戦争、特に第二次世界大戦において起こったトラウマ的な出来事が自明の事のようにその前提になっている。しかしながら、「心的外傷」、「抑圧」など精神病理学の用語で「1968」に関する記憶を描くのは、ある経験者にとってはできるのかもしれないが、明らかにうまくいかない。一方、アイデンティティーをめぐる研究においても、「地域」、「エスニシティ」のアイデンティティーを論じるために「記憶」という概念がしばしば言及される。後述するが、遠くない過去の運動が表象される際に、いかに当時の政治、社会や文化と関連しているか、いつどのような形で読まれ、そして記憶され、忘却されるか——その一連のプロセスを明らかにするのが、本論の目的である。

本論では、日本の「1968」の過ぎ去った八〇年代に書かれた桐山襲の『風のクロニクル』を中心に取り扱い、東アジアの冷戦構造という歴史的なコンテクストからその出発点と時代的意味を明らかにする。その上で、いくつかの時間の「層」と空間の変換によって形成される物語が、いかに叙情的文体と登場人物の異形な身体によって理性的、かつナショナルな大文字の「歴史」の暴力に抵抗し、そして「真理」としてではなく「流動」するものとして「現在」を語る可能性、つまり「開放的記憶」の語りがいかに可能になるのかについて論じていく。

2　桐山襲の「戦後」と冷戦

一九七〇年代後期、三田誠広や立松和平、高城修三などの「全共闘世代」の小説が話題になった。「全共闘小説」としてあげられるのは、一九七七年の芥川賞受賞作である三田誠広『僕って何』（一九七七年五月）に加えて、立松和平の『光匂い満ちてよ』（一九七九年一〇月）、高城修三『闇を抱いて戦士たちよ』（一九七九年三月）、星野光徳『おれたちの熱い季節』（一九七七年一二月）などである。そのような中で、桐山襲という作家は「現在」の視点から「反天皇制」という主題を持続的に追求しており、その点で全共闘運動の経験を過去の「青春」として描いている作家たちとは明らかに異なっている(6)。

桐山襲は一九四九年に東京に生まれ、一九六八年に早稲田大学に入学して学生運動に参加し、一九九二年に没した作家である。一九八三年のデビューから死去までの僅か八年半の間に、過去の学生運動の経験をベースにした様々な作品を発表し、一般には「反天皇制」の全共闘小説家として知られる。左翼青年による昭和天皇の特別列車の爆破をはかるテロ計画を描いたデビュー作『パルチザン伝説』（一九八二年文藝賞の候補であり、一九八三年に『文藝』一〇月号に同作が掲載される）では、「現在」と「過去」との間にある断裂がつねに意識されており、この作家がストーリー編成にあたって最初から時間性、特に時間の重層性にこだわりを示していたことが分かる。その時間の重層性への関心は、後の「スターバト・マーテル」（一九八四年六月）、『風のクロニクル』（一九八四年一二月）などの作品にも共通している。

作中、敗戦直前と戦後の高度成長期の二つの時間が交錯している『パルチザン伝説』と同様に、「僕」から「Nよ」と呼びかける五つの「通信」という書簡体で書かれた『風のクロニクル』は、通信文と未完の戯曲「風のクロニクル」と、三つの「情景」——すなわち複数の時間の層によって構成されている。通信文は、学生運動から身を引いて現在の職場で「叫ぶ鳥男」と呼ばれる「僕」から、七〇年代の内ゲバで恋人を殺され自らも負傷して「語れない石」になって故郷のK半島に帰った「僕」の友人Nにあてられたものである。

神官の家の子であるNは、全共闘運動が退潮した後も孤立した地下闘争を続けていたが、七〇年代の半ばに内ゲバで頭部に打撃を受けて言葉も行動の自由も失い、故郷のK半島に送られ、実家に引き籠もって暮らしている。手紙の内容は、主に「僕」がNをK半島の故郷に見舞った折にNが示した身振りの意味の追求と、Nの実家の「神山」の奥にある小さな祠についての調査の報告である。「僕」は祠の存在から、明治末期、Nの祖父である神官がその姉と、「東方の祭王＝天皇」から発せられた神社合祀令に抵抗し続け、遂に姉は殺され、自らも重傷を負ったことを究明し、それをNに報告する。

そして、八〇年代において書かれる手紙のなかには、六〇年代末期を描く戯曲と七〇年代を回想する情景が入っている。戯曲では、大学に入学したばかりの、文学サークルのメンバーの夏川、杉村、橘素子、岡田の四人が「表現者連合」を結成して全共闘運動をバリケード闘争として戦っている様子、運動が退潮した後、党派の活動家となったことが演じられる。この戯曲と手紙と情景が混じり合いながら、物語は「僕」とNと「彼女」――戯曲に登場する杉村、夏川、橘素子は明らかにこの三人の過去をベースとして造形される人物であるが――の遥かな未来での蘇生を期待するところで終わる。

この作品の同時代評には、「一種の歴史的想像力あるいは神話的な深まり」を感じさせる作品であるという評価があるが、「安易な自己神話化」の方法をとり、「自己防御の詩になっている」といった批判も少なくない[7]。つまり、この小説は同時代評において「全共闘世代」の自己弁護であるとして批判される傾向が強いのである。

その一方、「語れない石」となったN、職場で狂人のように「叫ぶ鳥男」と言われる「僕」など、ほかの作品にも共通している身体的な特徴から、作者の「パルチザンにおける根本的な〈異形性〉[8]」への偏執も指摘されている。黒古一夫『全共闘文学論』では、Nの祖父である神官とその姉の「神社合祀令」に対する抵抗が近代日本を総合的に否定する行為として描かれることから、この小説は「反天皇制」によって「近代を撃つ[9]」作品であると評価されている。

二〇〇〇年代以後、『風のクロニクル』は共同的記憶の歴史＝物語に同化吸収されない裂け目として、異質な要素への感受性と想像力を供給する作品だとする鹿島徹の論がある。二〇一六年に出版された陣野俊史の『テロルの伝説　桐山襲烈伝』は、作者・桐山襲の残した「ノート」を参照しながら、今まで不明であった彼の作家生涯と文学の軌跡を明らかにしたが、前述した鹿島論の設定した枠組みの中で『風のクロニクル』を論じる批評である。ただし、面白いのは、『テロルの伝説』に言及された桐山襲の沖縄と韓国への旅である。それは作者の高校時代の国語担当の教員細淵紘一の文章から陣野が推測したものだが、桐山の死去の直前まで私信の往来が続いている親交のある人の文章であるため、信頼できるはずだ。桐山は、一九七〇年の夏（大学三年の夏）、返還前の沖縄を旅してルポを書いたらしいが、詳細は不明である。また、一九七一年の秋（大学四年の秋）の八月八日から同月二六日まで桐山は韓国を旅し、「ルポルタージュ　夏のない半島」という報告を残した。未出版の資料であるため、陣野の要約を引用する。

　昨年のオキナワ行きから感じた希望・解放のイメージとは違って、軍事政権下で政治的な話が自由にできないこと、言葉がほとんど通じないこと（五十歳前後との日本語、大学生との英語を除いて）の制約の中で、自らの〈感性〉にだけ頼る旅となった、と書く。出会った人々の暮らし向きや都鄙の格差の実感、日本〈人〉への感情の由来や意識構造への考察、日本の侵略統治から三・一蜂起、独立運動の前と後の評価や日韓条約・日韓閣僚会議等までの歴史、米国や日本の経済的侵略の影響、等々に及ぶ。その間に、自らの出自や早大闘争の敗北と風化にも触れている。

終末近く、「いま、オキナワから還り、夏のない半島から還ってきた僕には、静まり返った深夜、東京の深夜の中に、全世界がその重い鉄鎖と共に視える。巨大な資本の破壊作用のなかの都市と農村が、資本制大工場のなかの歯車と広がり行く国際分業秩序が、隠れた内乱と準備された反革命が、巨大な星雲の流れのようにはっきりと視える。」そして「僕は東京のなかで生き、そして死ぬだろう。」と結んでいる[10]。

これは陣野の要約であるが、桐山という作家の出発点というべきか、いかに世界、特に東アジアを理解しているかということが窺える。「全共闘」を書く作家には、キャンパスから周りを見るという視点で運動の体験を過去の青春として描く人が多い。しかし、桐山襲にとっては、日本は「オキナワ」や「韓国」と一緒に資本の「重い鉄鎖」によって強く連結されており、六〇年代後半は、「巨大な資本の破壊作用」、「国際分業秩序」と「隠れた内乱と準備された反革命が、巨大な星雲の流れのようにはっきりと視える」時代である。東アジア諸国の関係を単なる外交や権力妥協の結果として理解せず、巨大な資本の力で動かされている事実を「巨大な星雲の流れ」といったような文学的な言葉で記している。いわゆる「全共闘作家」の中で、このように東アジア的視点を有する人はおそらく桐山襲だけだろう[11]。

また、言語の制限もあって「感性」だけに頼る旅だが、日韓間の複雑な歴史状況の枠組みの中で自らの闘争とその敗北、風化を述べたことからみれば、桐山襲という作家の出発点は東アジアにおける冷戦構造への強い認識にあるのではないかと考えられる。というのは、米ソ対立が第二次世界大戦の末期から始まり、それから生じた東アジアの冷戦構造が朝鮮戦争によって急速に固まったからである。

その一方、大学三年の夏、返還前のオキナワを旅したルポの内容は分からないが、後年のインタビューで作者本人が当時の心情を語っている。

桐山：初めて沖縄へ行ったのは一九七〇年代のはじめです。まだ日本に併合されていなかった時代。そのときの印象は強烈で、「あっ、ここは異郷であるな」と非常に強く感じて、衝撃を受けました。ヤマトではない世界がそこにはある、いや、いかなる国家にも属さない空間というものがここにはあるなと。私の書くものの中に沖縄が出てくるのは、その何にも属さない空間に惹かれてだろうと思います。

富岡：いかなる国家にも属さないというのは……。

桐山：一つには文化的な要素があります。そこに住んでいる人たちの感性的な要素がありますね。沖縄の歴史を見ればわかりますが、全くヤマトとは違う文化的発展段階というものを選んできたし、あるいはそこにある民俗的な要素にしても、全く違う。今は那覇も日本の地方都市と同じでしょうが、当時は違いましたね。当時の沖縄というのは、いわばアメリカと、ヤマトと、第三世界と、太古との混沌であったわけです。国家を拒否する混沌が、そこにはありましたね。(12)

一九七〇年の初めにオキナワで感じた「希望・解放のイメージ」は、このインタビューにおいて作者によって語られている。「夏のない半島」で感じた国家体制と巨大資本の二重の重圧とそこから生じた絶望感に対して、「併合」される前のオキナワから「ヤマトではない」「異郷」的なものを見出し、日本という国家の枠組みから食み出した定義できない「混沌」――アメリカとヤマトと第三世界との「混沌」を発見した。オキナワの「混沌」は、国家という既成体制に抵抗しようとする桐山襲の目には、日本という近代国家の論理を超える要素が内包される解放地のような存在に映ったのではないかと考えられる[13]。それのみならず、オキナワにおいて数え切れない米軍基地が強制的に配置されたことも、日本の安全保障のために犠牲にされたことも、いずれも、冷戦構造の支配下にあるという残酷な現実を絶えず語っている。

冷戦に関する研究の蓄積は豊富にあるので、ここでは簡単に説明するに留める。第二次世界大戦後、国際的な政治勢力の再編において、アメリカのヘゲモニーによって日本が近隣の国々――韓国、中国、ベトナムと結び付けられ、東アジアという地域が「帝国主義世界体制[14]」に組み込まれた。そこでソ連の主導する共産主義陣営と対抗する冷戦体制が形成されたというのが、共有される基本的な認識である。付言すれば、東アジアだけでなく、東南アジア、東ヨーロッパなどの地域においても類似した動きが共時的に発生していた。東アジアにおける国際秩序の形成のメカニズムに関しては、第二次世界大戦前の帝国と比較し、アメリカを「帝国」や「非公式帝国」と見なし、日本とアメリカの関係を「属国[15]」、「従属的独立[16]」、「コラボレーター[17]」などの概念で捉える論説が数多くある。いずれにしても、日本という近代国家は東アジアという地域へと繋げられ、アメリカとソ連との対抗関係で形成された冷戦構造に組み込まれたという、世界的視野から論じられる傾向が明らかにある。

そのような中で、アメリカの「リベラル」な秩序形成の特徴としては、「民主化より経済的自由主義」（資本主義の論理）というものと対ソ・対中「封じ込め」政策（冷戦の論理）とがよく論じられている。言い換えれば、東アジアにおける冷戦構造は、一九五〇年から始まったレッドパージなどの「反共主義」と、戦後の経済再建政策の推進によって東アジアが資本主義の論理に組み込まれるという「経済優先主義」という二つのイデオロギーを内包しているのである。前者はいわゆる「逆コース」と日米安保条約によって実現されており、後者はアメリカを中心とした太平洋の「非共産圏諸国」の経済的相互依存関係の構築によって大いに体現された。桐山襲が沖縄と韓国の旅で感じたのは、まさしく冷戦構造によって作り出された「現実」だろう。言い換えれば、彼は沖縄と韓国への旅によって、一九七〇年代初期においてすでにこういう視野を獲得して日本の状況を見ていたとも言える。だからこそ、彼にとっては、六〇年代後半における学生運動の目的は単なる「国家」への抵抗だけでなく、それは東アジア諸国との連帯の構築であり、世界的レベルで言えば資本主義の論理への異議申し立てでもあった。

一九七二年九月の日中国交正常化に伴い、米中も一九七九年一月に正式な国交を結んだ。それで朝鮮半島、台湾海峡、ベトナムなどの「冷戦前線」での代理戦争が急減し、東アジアにおける国際政治の状況は変動しつつありながらも、冷戦構造は依然としてこの地域の基本的な枠組みである。換言すれば、自由主義陣営における諸国の経済体系は、より緊密に結び付けられようになった。戦後いち早く復興した日本は、むしろそれで経済的利益を得てその果実を享受し、社会において現状肯定の雰囲気が一層強くなった。桐山襲という作家はそういうような状況の中で登場し、「もう一つの世界」の可能性を日本社会に示すために創作しはじめたと言える。同時代評においても、先行研究においても、桐山はよく「反天皇制」作家として論じられるが、このように考えてみれば、デビュー作『パルチザン伝説』の後半での「終戦秩序」[18]への言及に提示されているように、彼が抵抗するのは、単純に「国家」というイデオロギーであるのみならず、「天皇制」を利用して作られた東アジアの戦後秩序＝冷戦構造であるのは明らかである。

一九六〇年代後期における運動の衰退は、冷戦構造に対する政治的直接行動を不可能にしたが、七〇年代から日本社会に浸透している国家と資本の共謀した冷戦の論理が東アジアを支配しているので、桐山襲の作品を理解するには、冷戦構造下の日本―東アジア―世界という枠組みを考えることが不可欠だろう。桐山の作品は、共同的記憶の歴史に同化吸収されない「裂け目」[19]であれ、小説に革命を起こすために作ってみた「爆弾」[20]であれ、文学的言語で冷戦構造において形成されてきた日本の「戦後」というイデオロギーに抵抗するものであるに違いない。

3　文体と身体

一九八〇年に発表された田中康夫の「なんとなく、クリスタル」は、同年の「文藝賞」受賞作品であり、翌年の第八四回芥川賞の候補になった。同作は八〇年代の流行や風俗を独自の視点と文体で描くことと、作品に付いている膨大な註とその分析が一時の話題になった。地名や学校名などの固有名詞が作品の中に大量に散りばめられ、裕福な女子大生の消費生活を象徴する場所のように註で詳しく説明されている。一九七二年の連合赤軍事件をきっかけに激烈な学生運動に対する大衆の支持が衰退した一九八〇年代に発表されたこの作品においては、かつて運動の拠点であった学校周辺などの場所は、ブランド品の揃っている店によってカバーされるように描かれており、その風景の変化は甚だしい。そのため、学生運動の時代に終止符を打つ作品だと言われる。

七〇年代の二つのオイルショックを乗り越え、日本は平穏に、田中康夫の描く高度な消費社会になりつつあった。八〇年代における若者の享楽的心性については、『風のクロニクル』の「誤れるエピローグ」における八〇年代の若い学生たちの乱舞する様子によって示されている。

そしてそれからは、学生たちの喧噪がひたすらに昂まっていく。例えば四人の学生たちが——その劇の最初の場面で杉村たち四人がそうしたように——舞台の前面に立ち並び、それぞれこんなことを叫び立てても良い。

《ボクたちは楽しい。いま、すべての時代が終わったから!》
《ボクたちは楽しい。だって、世界が世界でなくなったから!》
《わたしたちは楽しい。この国、この街にいま生きているのだから》

《ボクたちは楽しい。何がなんだか分からないけれど、ボクたちは楽しい！[21]》

八〇年代の若者たちが乱舞しながら「ボクたちは楽しい」と叫んでいる。その理由は「すべての時代が終わった」、「世界が世界でなくなった」と「この国、この街にいま生きている」のである。いずれにも現状を肯定してそれを静的状態として維持したり享受したりしようとする願望が読み取れる。そして、最後の「何がなんだか分からないけれど、ボクたちは楽しい！」は、現状認識の不足に気づいてもそれを放置し、楽しく生きられればいいという心理を明白に語っているといえる。それは若い世代に対する批判であるが、かつて学生運動に参加していた岡田が「ああ、あの頃は若かった」と言い、「過去」をただの青春として片付けてしまうことに対する、より強烈な批判が読み取れる。

　そのように強く現実を肯定する心性は、文学によって虚構されたものではなく、現実でも普遍的感覚になっている。早稲田時代、「日帰り」の運動に参加していた三田誠広は、知識人の「転向」を論じる際、上述した「現実肯定」の心性に触れた。

三田　……これは、敗戦という、まことにラッキーな条件があったから実現できた方式なんだけど、結局としては高度経済成長が達成されたわけで、社会主義国よりも豊かになってしまった。そうすると、〝プロレタリアート独裁〟をやる必要性が全くないし、……（中略）それからソ連自体も、一握りの官僚が軍事と経済を掌握していて、民衆は解放なっ《［ママ］》てくると、昔からある左翼の理論てのは、全然意味がないよね。

（中略）

ほんとうに困った貧しい人がほんの一握りでさ、国民の九割は中流意識で保守化しているわけだよ。ぼくたちのお父さんの世代だと、働けど働けどくらしは豊かにならないってことが確かにあったわけだけど、今は貧乏人のいない変てこな社会になってさ、こうなってくると、昔からある左翼の理論てのは、全然意味がないよね。[22]

「全共闘世代」に属する三田誠広の発言は、高度消費社会が成立した八〇年代において「現実肯定」といったような意識が大衆の中に強く存在していることを明白に示している。「ラッキーな条件」というのは、恐らく日本を東アジアにおけるアメリカの「反共代理国」として、戦前体制を根本から検討せずに天皇制を温存／利用し、日本を再建する方針のことだろう。日本はその方針に従って、経済発展に専念し、八〇年代にそのピークに達した。資本主義の論理には「外部性」という概念がよく見逃されているように、日本にある限りにおいては裕福な生活ができるというのが、その時代感覚だろう。桐山襲の作品の問題意識の一つは、その感覚の虚妄性を暴くことだが、ここで注意したいのは、三田が提起した、無意味になった「昔からある左翼の理論」――換言すれば無効になった「言語の問題」である。それは、桐山襲の創作方法と深く関わっている。桐山自身は、この「言語の問題」に関して、以下のような発言をした。

一昨日、アンゲロプロスの『霧の中の風景』という映画を見てきたのですが、あの映像というのは切々としてたまりませんでした。そこで彼が言っているメッセージというのは、これまでの彼の作品と同じで、革命という言葉が、今いかなる希望も提示しえないとしても、なお、いまとは違う世界があるはずだ、そのような世界は可能だ、というものだったと思うんです。このアンゲロプロスの作品はいま私が小説を書くときの気持ちに非常に近くて、すごく親近感を感じました。

（中略）

つまり後の世代と我々の世代には言葉の流通がないという大きな事実があるわけです。言葉の流通が存在するのであれば書く必要はないかもしれない。しかし言葉の流通が切れてしまっているが故に、また政治的な言語というものが使用に堪えなくなっているが故に文学的な言語というものがその役割を担わなければならなくなっている。(23)

「革命」などの政治的言葉がすでに失効した八〇年代において、過去を振り返るというような青春物語の形ではなく、かつてあった視点から出発して「現在」を見つめなおすことによって、「いまとは違う世界がある」という可能性を提示する。その時、政治的言葉ではなく、文学の形で表現しなければならない。というのは、前述した冷戦構造に内包される資本主義の論理――「経済的理性」とも呼ばれ、利益を出す資本蓄積の論理――が八〇年代の知識体系を支配することになり、「論理的」な言葉で書く際、資本主義が必ずその前提になったからである。その言語の制約を突破するため、虚構的でありながららも、「経済的理性」を凌ぐ人間の想像力を喚起する文学的言葉が選択されるだろう。それは、浅間山荘事件以後、沈黙の続く十年もかかる難しい選択である。一九七二年の連合赤軍事件でショックを受けたその世代に属する人々の中で、その後、沈黙を選んだ人は少なくはない。

そんな時代の中で、多くの者たちは、内と外からの激しい風化に晒されながら、それでもなお〈その時代〉の記憶をつなぎとめようとしていた。或いは、記憶をつなぎとめうる〈表現〉をさがしもとめていた。待っていた、といってもよい。確かに、多くの者たちが一個の表現を――〈われらのもの〉と呼びうる一個の表現を――待っていたのである。(24)

これは桐山襲が道浦母都子の歌集『無援の抒情』の解説の中で書いた文章であり、明らかに、沈黙しながらも「記憶をつなぎとめうる〈表現〉をさがしもとめていた」人々（桐山自身も含まれる）が吐露した心情だろう。「革命的」言葉で高度消費社会になりつつある八〇年代を描くのはやはりできないというように、この文章の中からは言語の無効化と表現の難しさが読み取れる。作中、「革命」を持続するNは、「語れない石」になり、主人公も「奇怪な病気」にかかり、職場において言語の理解不能な「叫ぶ鳥男」と呼ばれているという設定からわかるように、『風のクロニクル』は、単なる日本の「1968」に関するノスタルジーを掻き立てる作品ではなく、言語の問題、また「革命」と文学との関わりを体現した作品である。六〇年代後半の「革命的」言語と八〇年代の「資本的」言語とは、一見、互いに相克するようだが、表裏一体をなすものであり、その闘争が激しくなれば、逆に既成体制＝冷戦構造を一層強化するのである。その袋小路から逃れるため、常に理性的、論理的言語から逸脱する文学的言語で自らの体験を桐山は書きはじめたといえる。

文学的に書くと言ってもそんなに簡単なことではない。『風のクロニクル』における互いに交錯している通信文と戯曲と「情景」は、複雑な文体で八〇年代の「現在」に「違う何かがあるか」のように発信し続けている。Ｎへの手紙に「情景」と戯曲が入っている構造においては、歴史教科書などでよく使われている経済発展を賛美する直線的叙述とは違う語り方が明白に示されている。それのみならず、全篇において抒情的な語りで過去を追憶したり、心情を吐露したりしている。そのような抒情性は、フランスの五月革命の際、パリの壁に書かれた言葉によって表現されているのと同様に、本作品にも壁に書かれる恋愛と運動を併置する言葉によって語られている。それは「１９６８」を描く作品が、いつも恋愛を描写する理由の一つかもしれない。「戯曲」の第三幕で主人公とＮの結成した文学サークルがよく集まる喫茶店の壁にある落書きは次のようである。

そこには恋人が
待っているかのように
僕は十一月の街頭に
さりげなく出ていく[25]

この短い抒情詩のような落書きでは、「街頭に出て行く」ことを「待っている恋人に会う」ことと並置することによって、恋愛感覚のような運動に対する気持ちが生き生きと描かれている。人間は恋愛に陥る際、シニフィアンとシニフィエとの関係が揺らぎはじめ、つまり言語体系の不安定[26]ということが発生するように、「街頭に出て行く」という行動には、政治的目的だけでなく、言語体系を変革する可能性も潜んでいる。こう考えてみれば、『風のクロニクル』における異なる文体と抒情的な語りこそ、八〇年代において社会の隅々に浸透しつつあった冷戦構造の「経済的理性」に抵抗し得る力を持っている文学的言語なのではないか。資本主義的な論理に回収されない文学的言語——抒情詩のような文体で書かれた『風のクロニクル』は、一見、自閉的、内向的だと思われるが、実際にはバブル期に入った日本に対して極めて強烈な批判を加える作品、言い換えれば、「理性的」な言語体系を撹乱する作品なのである。

このような文体上の特異性は、作中人物の特殊な身体性——竹田青嗣の言葉を借りていえば、「異形性[27]」とも関連している。例えば、デビュー作『パルチザン伝説』においてアパートの爆発で片目と片手を失った活動家である主人公の「異形的」な身体像は、その暗殺の目標である昭和天皇の強健な「玉体」のイメージとは、明らかに対照的である。戦争の末期、「国体の護持」という条件に対しての連合軍からの回答はなかったとしても、一九五〇年の朝鮮戦争の勃発を機に発足した対ソ・対中「封じ込め」政策のために、根本的な検討をせずに、占領軍が天皇制を存続させた。その結果、人間宣言をして「玉体」と呼ばれなくなった天皇のイメージは、戦前戦後、時代によって変わりつつあったが、唯一不変だったのは「神聖で男らしく剛毅であるという天皇像」[28]だろう。「国体」[29]を体現する天皇の身体像に対して、完全に違うイメージを帯びる身体像は、桐山の第二作である『風のクロニクル』においても、「語れない石」となったNの「不思議な身振り」によって、より明白に描かれている。

天鵞絨の襟布の付けられた黒ずんだ蒲団は、すっぽりと頭から被せられ、僕の目の前で不思議な丸い姿を作っていた。きみの体はどこにも現れていなかった。それは僕の後から差してくる黄色い冬の光を受けて、異形な動物の丸い背のようにも見えたし、土を盛りあげた原始的な墳墓のようにも感じられた。五分か、それ以上もたった。……風が、外の楠の葉を騒がせていた。

やがて蒲団の裾がゆっくりと持ちあげられ、そこのところから黒いものが現れてきた。掻巻の袖口だった。――それは眼のない黒い生き物のようにしばらく蠢いたのち、僕のほうを見定めるようにして止まった。穴ぼこの奥にきみの姿を垣間見ようとしたが、光は袖口のあたりで遮られ、奥はただ闇だった。いつまでもその穴ぼこを見つめていると、その小さな洞窟の彼方から、《語れない石》となったきみの、声ではない声とでもいうべきもの、沈黙のざわめきとでもいうべきものが、幽かに伝わってくるような気がした。あたかもその穴ぼこ――掻巻の袖口の暗い穴ぼこが、言語を失ったきみの口腔そのものででもあるかのように――。[30]

「異形な動物の丸い背のように見えた」Nは、戦後のメディアによって表象される天皇の強健な身体のイメージとは明らかに相容れない身体性を示している。面白いのは、そのような強健な身体像はいつも天皇によって演じられているということだ。[31] 王には「自然的」身体と「政治的」身体の二つの身体があると指摘されるように、[32] 天皇の身体、「玉体」は、国家の無上の権威や価値体系、アイデンティティーなどを体現する「政治的」身体である。Nのように学生運動で身体的にも精神的にも挫折した作中人物の「異形性」は、天皇の体現した「強健的」、「神聖」な身体像への抵抗として読み取れるだけではなく、「国体」、すなわち国家秩序に吸収されない不可解な黒い塊として、「声ではない声とでもいうべきもの、沈黙のざわめきとでもいうべきもの」を伝えている。既成の秩序から「声」として認識されない声、ただ沈黙に近いざわめきを語る難しさは、ここで再びNの異形な身振りによって示されている。言い換えれば、言語は身体である。既存言語で自己表現できないために、異形的でなければならない。しかしそれと同時に、意味が固められない＝まだ明確な形になっていないからこそ、既存言語の制約を超え、今まで表現できなかった過去が語られる可能性が潜んでいるだろう。

一方で、桐山の作品によく出てくる「異形性」は、社会に混乱をきたす「過激」な異端というような紋切り型のイメージをそのまま受け入れる、あるいは「聖化」[33] するというより、社会からのそのようなまなざしと期待を自ら引き受け、[34]「異形」や異端の指向する破壊的なエネルギーを帯びるだけではない、むしろ現実＝日本の「戦後」を超える「何か違う世界」を想像する身体性である。「一九七〇年代に失われた〈言葉〉が、暗い洞窟のようなきみの口腔に甦る」ように、長い沈黙は、言語の「蘇生」を待っている。抒情な文体と異形な身体によって複合に構成される『風のクロニクル』は、その「蘇生」につながる桐山の実践ともいえよう。

４　記憶する言語

過去の出来事を語ることによって記憶する。忘れた何かを取り戻すというより、むしろ語るという行為は、かつてなかった出来事、あるいはその出来事から刺激を受けて心の中に生じたあいまいな何かを形にし、それに意味を賦与する。したがって、語る際、使われる言語はその記憶の形と意味に決定的な影響を与えていると言える。日本の「１９６８」を語る難しさは、前述したように、その言語の不在という点にある。フランスの「１９６８」から深遠な影響を受けた西川長夫の考えからは、日本の「１９６８」を記憶する際、何らかのヒントを獲得できるかもしれない。フランスの「１９６８」――六八年五月（Mai 68）という呼び方が後に主流になったが――については、国費留学生としてその運動の状況変化を現場で目撃した西川長夫が、その三十周年である一九九八年に「１９６８」を回顧する膨大な論説に触れながら、「１９６８」を語る難しさを次のように語っている。

この前書きを終えるにあたって最後に一言つけ加えさせていただきたい。この文章を書きながら、私は五月革命についての納得のゆく説明は結局ありえないということに思い至った。革命的な新しさは何によって説明されるのだろうか。もしそれが既成の言語によって、例えば既成の社会科学の用語によって完全に説明し解釈できるものであれば、それもはや新しくも革命的でもないだろう。五月革命の新しさと革命性は、後の世代によって発見され表現されたときにのみ存在するのではないかと思う。(35)

「1968」の新しさと革命性は、やはり「既成の言語」によっては説明し解釈できないものだというように、前節で論じた言語の問題と繋がっている。「1968」の衰退した後、既成体制から生じた言葉でその体制を否定する破壊的な運動を語るのは、徒労に帰する仕事であるというように考えられる。しかし、「団塊の世代」が定年に近づくにつれ、特に「1968」の四十周年の二〇〇八年前後、「全共闘」をテーマにしそれを「総括」する書物の出版が盛んになった。そのような書物は、大体、かつて運動に参加していたリーダーたちの回顧記と、批評家や学者による論著というようにほぼ分類できる。つまりそこにあるのは、言説の欠乏というより、むしろ言説の氾濫だろう。

環境保護運動、女性解放運動、部落解放運動などのように、日本の「1968」は各領域において「持続」し「転形(36)」しているとはいえ、「1968」の提起した定義できない混沌的な何かを語り得るナラティブは未だに実現していない。現実肯定、つまり冷戦構造下に経済の高度成長に専念し、消費社会にまで発展してきた現実を肯定する個人史的な出版物は、ある種の記憶の「回収（confiscate）(37)」である。

また、公式的教科書では、主に安保条約と石油危機などの政治と経済の出来事に関する記述によって六〇年代後半から七〇年代までの「歴史」が構成されており、六〇年安保闘争に関する記載があるが、

「1968」への言及は極めて少ない。国家主義と資本主義との共謀によってなされた記憶の「回収」と「忘却」は、「1968」という時代を通過した人たちを沈黙させる。

炎の絶えたのちの、年ごとに華やかになっていく巨大な都市の移ろいを視ながら、僕たちは或いは言葉を失ない、或いは言葉を閉ざすことによって、ひとつひとつの《語れない石》として、見えない時間を生きてきたように思える。あたかも〈書かないこと〉が支配権を取り戻したこの世界に拮抗し得る唯一の条件ででもあったかのように。そしてまたあたかも、〈書かないこと〉が言葉を失なった数多くの者と連帯し続ける唯一の途ででもあったかのように――[38]。

沈黙を続けるのは、敗北を認めることではなく、「支配権を取り戻したこの世界に拮抗」するため、「言葉を失なった数多くの者と連帯し続ける」ための唯一の道である、と「叫ぶ鳥男」は自らの心情を語っている。『風のクロニクル』の表紙絵のように、持続する沈黙によって、そして「回収」と「忘却」によって、「1968」の記憶はその世代の人々の心における黒い塊のようなものとなった。それではいかに黒い塊のような記憶を語るのか。

「記憶」をキーワードとする論説は、主にホロコーストや慰安婦などの近代の戦争記憶をめぐって発展してきたものであり、トラウマ的記憶を扱う精神病理学の傾向が強い。「1968」を語る際、あえてそのような記憶論を使ったとしても説明できない部分が残っているに違いない。西川長夫は自らの体験した「1968」について「断片的な記述の組み合わせ、自他の引用の並記、写真と文章あるいは写真と図像の多用、さまざまな立場の主張と証言」を交錯的な形で構成し、イデオロギー化と神話化を避けながら「違和と共鳴の小さな空間」を保つ一冊の「私論」を書き上げた[39]。まとまった「総括」――「1968」を経験した世代もその経験のない世代もその「解釈」や「説明」を求めている――の形ではなく、自らの矛盾と混乱をそのまま留保する「私論」は、読者が介入し得る、開かれた記憶装置とも言える。

交錯する時間性と、異なる文体によって書かれる『風のクロニクル』は、明らかに西川の「私論」と共振する部分がある。例えば、全篇にわたってよく使われている「〜ででもあったかのように」という書き方は、名状しがたい出来事をうまくつかめられない語り手の不確かさを明白に示している。あるいは、それは「1968」を一つの完結した物語として締め括らないために意識的に使った表現かもしれない。何れにしても、その不確かな雰囲気は、全篇を通じて抒情的な文体と共振しつつあり、一つのまとまった「総括」を提供するのではなく、今まで見えなかった形成中の何かを拡散し連結しながら、新しい言語を育む土壌になる。キャロル・グロックの記憶論を借りて考えてみれば、それは、調和的に統合するものではないにもかかわらず、個人的記憶と集合的記憶との融合と語り方を創出しようとする意欲な作品でもある[40]。

「1968」を描く作品を書きはじめる契機については、『無援の抒情』の「解説」において、歌人の道浦母都子の励ましによって八〇年代という新しい時代の中で自らの「無援」を引き受ける決意をしたと、桐山自身は明白に語っている。ここでいう「励まし」は、言葉通りの励ましというだけでなく、道浦の書いた短歌の新しい表現と感性として理解したい。

迫りくる楯怯えつつ確かめている私の実在
異常が日常に溶け込む際の一瞬を青年の眼よ見逃すなかれ
燃ゆる夜は二度と来ぬゆえ幻の戦旗ひそかにたたみゆくべし(41)

当時の若者たちの間に共有されていた心理感覚——街頭で機動隊と対峙する際の動揺する心情、「日常」を問う思想的な感性、敗北からの再起を図る強い志向——は、この三首の短歌によって鮮明に歌われている。引用した右の短歌からも見られるように、道浦の短歌は「定型詩という詩型そのものが天皇制という抑圧と二重写しとなって見えるような表現形式の中で、その抑圧と激しくスパークしながら、自由な生をうたってみたい(42)」といったような気持ちで作られるものである。また、一人称である短歌という詩型は作者の「心の微妙な揺れ」も掬い取るため、「１９６８」を通過したひとりひとりの精神を描くにはふさわしい書き方であると、道浦は自ら語っている。

感情を表出する詩型である短歌は、写真撮影のように人間の一瞬の思いや情動を凝縮して表現する。それは、論理的思考によってではなく、情動を引き起こす感性的表現によって読む人に発声する。したがって、道浦の短歌は、「沈黙」を続けている桐山襲にとっては、表現の欲望と可能性の潜んでいる呼びかけと言える。それは、読み手の情動を掻き立てる表現とも言える。その語りがたい「1968」は、鬱血のように長い間放置されていた。「1968」は確かに語りがたい。しかし、確実に存在している。記憶の黒い塊は理性的な言語によってではなく、情動を喚起する抒情的言語によって初めて「1968」を語り得るのではないか。

また、その呼びかけを引き受けると同時に、それまで理性的、政治的言語でうまく表現できていない日本の「1968」を情動的、文学的言語で表現する新たな可能性を模索しはじめた。言い換えれば、桐山は道浦の短歌における新しい表現と感性を「1968」を語り得るものとして肯定的に引き受け、自らの「1968」を書き始めたのである。そして道浦の呼びかけに応じて「1968」を語る桐山の作品は、道浦への応答であると同時に、同世代の人たちへの呼びかけにもなる。このような反復によって「1968」を語り得る「言語」が形成される。

『風のクロニクル』の戯曲には、夏川と杉村によってあたかもそのような呼びかけと応答のプロセスであるかのようなものが演じられている。夏川が街頭で偶然に出会った杉村に自分の未完成の散文詩の紙片を渡して「本当は、きみに書いてもらいたいんだ」[43]と言ったことが、その呼びかけと応答を示すかのように、戯曲の第三幕・第三場「一九七〇年代　厳冬」において描かれている。その未完成の散文詩の冒頭は、本作品の冒頭でもある。

首都の街区に、もう幾度目か分からなくなった冬が来ている。街路のプラタナスは、葉を散らせ尽して、既に久しい。かつて夜の中でゆらめいていた十字路に立てば、炎は地下深く埋葬され、その上を窓のない車が通り過ぎるばかりだ。[44]

フランスの「1968」においてパリ街頭の壁に書かれた言葉――「パヴェ（敷石）の下にある／それは砂浜……」[45]の一句と類似するモチーフと感性を含んだ散文詩とも言える冒頭である。結末のところでその散文詩のタイトルが橘素子の書いたものであることからわかるように、杉村は夏川と橘の完成し得ない散文詩を引き受け、N＝夏川への手紙の中で戯曲の形によって書き継いでいくのである。さらに、その散文詩のタイトル＝戯曲のタイトル「風のクロニクル」をこの小説のタイトルとして設定したため、呼びかけと応答のプロセスは、作品内に限らない現実的な実践にもなる。

八〇年代における教科書による忘却と元活動家の個人的な回顧録による記憶の回収というような状況を考えてみれば、『風のクロニクル』はそれに対する実践的抵抗とも言える。[46]言うまでもなく、その際、異なる人によって書かれる「1968」に関する記憶は、矛盾、ずれ、あるいは部分的な忘却が生じるわけだが、前述したように、反復するプロセスを通じて忘却を含んだ記憶を語り得る「言語」が形成されるだろう。

ここでの忘却は、かつての出来事を一切存在しないようにするというより、むしろ忘却する可能性があるからこそ、想起しなければならないという暗黙の要求が生じる必要な条件である。したがって、忘却は想起と対立しない。自分自身の記憶を形成するには、忘却を認めた上で自らの声を記録し、それを他者に伝えるというプロセスを反復しなければならない。このように忘却と想起の総合的プロセスを通じて忘却を含んだ記憶が初めて可能になる。開かれた記憶装置としての『風のクロニクル』は、根源的な出来事、つまり「1968」の真実を回復すること——大文字の歴史の前提であるが——を目的としない。重要なのは反復の中で新たな「何か」が生じることである。それゆえ、「現在」に対する強い関心が感じられる。

作品の素材から見ると、たしかに全共闘の時代、つまり一九六〇年代末期から七〇年代初頭のことがテーマになっているわけですけれども、あの時代だけを、一つの物語として作り上げようという指向からは、かなりそれたところにあるんではないでしょうか。

むしろ私が問題にしているのは、常に現在なんですね。私自身が今ここにいる時代。その現代とは何なのか、現在をどのように表出していくかということを考えているわけです。(中略)ですから、決して私は、よく言われるように過去の伝説を書いているのではなくて、一つの埋もれた時代の目によって現在をみつめたいという指向があるんだ、と言いたいですね。[47]

桐山がインタビューで自らの創作理念について語ったものである。「いろいろな切断やねじれ曲がりを繰り返しながら流れてきた」「日本の社会の歴史」の中の「現在」を照らし出すため、かつて経験した「1968」を参照点としていると桐山は明白に語っている。桐山にとっては、忘却を恐れずに

「1968」を素材として語り継ぐのは、排除の暴力を振るう「歴史」に抵抗できる唯一の方法だろう。その物語化は、内向的、自閉的なのではなく、他者の呼びかけを引き受けて応答するプロセスであり、開かれた記憶装置を起動する鍵ともいえる。開放的に書かれているため、反復するプロセスから生じた新たな「何か」が異質的なものへ繋がっていくのも当然だろう。

その意味で、『風のクロニクル』において言及された沖縄[48]と明治の神社合祀は、同時代評[49]で批判されたように民俗学へ逃げ出したのではなく、むしろ「現在」を問題にした証になる。記憶は、過去の出来事を想起するだけでなく、いつも「現在」との混合物として到来し、未来へ赴く。『風のクロニクル』はその痕跡を写す作品といえよう。

5　未来を語る

パリ五月革命で強い感銘を受けた西川長夫は、言語で表現できないと言いながらも、その時の心情を文字で記録した。その混沌的な何かに関しては、西川長夫は「68年5月の生命」と名付け、以下のように語っている。

国家権力が突然機能を停止して、台風の只中の無風の青空のように現出した奇妙な時間と空間。それまでよそよそしく顔をそむけあっていたさまざまな集団や階層や国籍の壁が突如崩壊して、街頭や広場や教室や劇場などにくりだす群衆のあいだにひろがる共感、はてしない真面目なお喋りと笑い。あらゆる壁をうめつくした落書きとビラ。自分自身が内奥から変りはじめて、あらゆる可能性が目前に開けていくような快い感覚(50)。

過去は廃墟のように目前に現れ、「台風の只中の無風の青空のように現出した奇妙な時間と空間」の中にいる人々は、桎梏から解放され、周りの人たちと自由に交流、共感しあい、自己変革の可能性を持つ「快い感覚」を覚えている。歴史から逸脱する混乱とも言える状況だが、不安と興奮が混ざり合う感覚と可能性を秘める混沌は、既成言語では表現できないだろう。名付けるのは、線を引く排除の暴力を伴う行為だが、「68年5月の生命」はその暴力を最小限にして形成中の何かをつかむ試みである。というのは、「生命」は成長し、未知の何かを見せるものであるからだ。

一方、冷戦構造の制約に目を向け、忘れられた日本の「1968」を物語化する『風のクロニクル』は、西川の「68年5月の生命」と同様に、未知の何かを見せるために書かれた作品である。それは、経済的理性と政治的言語の交わされた場である冷戦の力学に抗し、抒情的言語で記憶の黒い塊を払うように日本の「1968」を書き出すものとして読むことができる。また、内向的ではなく、他者の呼びかけに応じて書くこと＝応答することによって、新たな呼びかけを発することができる。そのような呼びかけと応答の反復は、新しい言語の可能性として提示されている。

その言語で書かれる記憶は、歴史との齟齬が生じるが、対立するものではない。桐山襲の『風のクロニクル』は、歴史が包括しなかった領域に光を当て、集合的記憶において単純化された日本の「1968」を物語化することによって、記憶と政治、文化との複雑な絡み合い――記憶の痕跡とも言える――を見せるものとして機能している。また、作中の交錯する重層的な時間構造と言語の反復性を通じて、歴史領域における直線的な時間性とその有効性に疑問符を投げかける。過去と現在と未来との相互関係を問いつつあり、何が、誰が、歴史に記録され、記念すべきかという問題をあらためてわれわれに提起している。その際、遭遇する異質な何かにいかに対処するのかも、考えなければならない。この「現在」においてこそ、われわれは『風のクロニクル』のような物語を再読する必要があるだろう。

(1) 成田龍一『増補　歴史はいかに語られるか　一九三〇年代「国民の物語」批判』ちくま学芸文庫、二〇一〇年、一三頁。
(2) 高井有一、佐伯彰一「対談時評―木崎さと子「青桐」、桐山襲「風のクロニクル」」『文学界』一二月号、文芸春秋社、一九八四年、二二三頁。
(3) 黒古一夫『全共闘文学論　祝祭と修羅』彩流社、一九八五年。
(4) 鹿島徹「記憶の共同性と文学」『岩波講座「文学」第九巻　フィクションか歴史か』岩波書店、二〇〇二年。
(5) フーコーによれば、系譜学はこのような「本質」がどのような歴史的な経緯によって、様々な力の競合と対立関係の中で成立する「暴力の帰結」である「真理」として形成されたかを分析する方法である。ミシェル・フーコー「ニーチェ、系譜学、歴史」『ジャン・イポリット記念論文集』パリ、PUF社、一九七一年、一四五―一七二頁。『フーコー・コレクション3　言語・表象』ちくま学芸文庫、二〇〇六年、三四九―三九〇頁を参照。

(6) 黒古一夫『全共闘文学論　祝祭と修羅』彩流社、一九八五年、一一六頁。

(7) 高井有一、佐伯彰一「対談時評―木崎さと子「青桐」、桐山襲「風のクロニクル」」『文学界』一二月号、文芸春秋社、一九八四年、二二三頁。

(8) 竹田青嗣「たたかいの義」『文藝』九月号、一九八四年、一七五頁。

(9) 黒古一夫『全共闘文学論　祝祭と修羅』彩流社、一九八五年、一三〇―一三二頁。

(10) 陣野俊史『テロルの伝説　桐山襲烈伝』河出書房新社、二〇一六年、二〇頁。

(11) この東アジア的視点は、明らかに戦争を体験した世代の理解とは異なっている。川村湊「戦後文学者のアジア体験」(『戦争の谺　軍国・皇国・神國のゆくえ』白水社、二〇一五年)を参照。

(12) 桐山襲、富岡幸一郎「桐山襲と「都市叙景断章」(インタビュー文芸時評―小説の読み方作り方)」『すばる』一九八九年八月号、一九五―一九六頁。

(13) 桐山が「太古」という近代以前の混沌を沖縄に見出していることについては、黒古一夫は「反近代」として評価しているが、確かに戦前からの柳田國男・折口信夫らの民俗学的まなざし―沖縄に原日本を見出すまなざし―と同質なところがあるかもしれない。ただし、作品において中央政府の官僚として登場する柳田と対蹠的な立場を取っている南方熊楠の立場(民間の一研究者)から見れば、戦前の民俗学に内包するある種のオリエンタリズムが発動していないと言えないが、異質なものに接触する際の姿勢は違うと思われる。

(14) 宮地正人『通史の方法　岩波シリーズ日本近現代史批判』名著刊行会、二〇一〇年、二九七頁。

(15) ガバン・マコーマック(新田準訳)『属国―米国の抱擁とアジアでの孤立』凱風社、二〇〇八年、三頁。

(16) ジョン・ダワー/ガバン・マコーマック(明田川融・吉永ふさこ訳)『転換期の日本へ』NHK出版新書、二〇一四年、七一―七五頁。

(17) 菅英輝『冷戦と「アメリカの世紀―アジアにおける「非公式帝国」の秩序形成」』岩波書店、二〇一六年、七―八頁。
(18)桐山襲『パルチザン伝説』作品社、一九八四年、一四〇頁。
(19)鹿島徹「記憶の共同性と文学」『岩波講座「文学」第九巻　フィクションか歴史か』岩波書店、二〇〇二年、五八頁。
(20)陣野俊史『テロルの伝説　桐山襲烈伝』河出書房新社、二〇一六年、七頁。
(21)桐山襲『風のクロニクル』河出書房新社、一九八五年、一五三頁。この若者たちの叫びは、明らかにフランスの「1968」においてパリ街頭の壁に描かれた意思表示の言葉の形と類似している。西川長夫「1968年5月―消えない言葉」(『立命館言語文化研究』特集　比較文化研究　九巻四号　一九九八年二月)を参照。
(22)三上治、三田誠広ほか「テーマ一〇転向―大衆社会と知識人　現在は「総転向」の時代である⁈」『保守反動思想家に学ぶ本（別冊宝島　四七）』宝島社、一九八五年、二四五―二四七頁。
(23)桐山襲、黒古一夫「文学のテーマとしての政治　桐山襲氏に聞く」『異議あり！　現代文学』文学時標社、一九九一年三月、一四三―一四四頁。
(24)桐山襲「解説」『無援の抒情』岩波書店、一九九〇年、二九七頁。
(25)桐山襲『風のクロニクル』河出書房新社、一九八五年、一〇三頁。
(26)ジュリア・クリステヴァ著、原田邦夫訳、『詩的言語の革命』、勁草書房、一九九一年。
(27)竹田青嗣「たたかいの義」『文藝』九月号、一九八四年、一七五頁。
(28)坂上康博『昭和天皇とスポーツ〈玉体〉の近代史』吉川弘文館、二〇一六年、一九五頁。
(29)マンフレート・ヘットリング／ティノ・シェルツ著、川喜田敦子訳「過去との断絶と連続：一九四五年以降のドイツと日本における過去との取り組み」『European studies』東京大学大学院総合文化研究科・教養学部ドイツ・ヨーロッパ研究センター、九七頁。
(30)桐山襲『風のクロニクル』河出書房新社、一九八五年、九―一〇頁。

（31）坂上康博『昭和天皇とスポーツ〈玉体〉の近代史』吉川弘文館、二〇一六年、二五六―二五七頁。
（32）E・カントーロヴィチ著、小林公訳『王の二つの身体』平凡社、一九九二年。
（33）竹田青嗣「たたかいの義―桐山襲「パルチザン伝説」」『文芸』一九八四年九月号。
（34）桐山襲、富岡幸一郎「桐山襲と「都市叙景断章」（インタビュー文芸時評―小説の読み方作り方）」『すばる』一九八九年八月号。
（35）西川長夫「1968年5月―消えない言葉」『立命館言語文化研究』特集　比較文化研究　九巻四号　一九九八年二月、一二九―一三〇頁。
（36）津村喬の『全共闘―持続と転形』（五月社、一九八〇年）を参照。
（37）張政傑「日本「1968」の記憶をめぐる思考：忘却と想起の闘争」（『日本語文學』第73輯、韓国日本語文學會、二〇一六年）を参照。クリスティン・ロス『68年5月とその後』（航思社、二〇一四年）には、フランスの「68年5月」に関する記憶の「回収」についての論説がある。
（38）桐山襲『風のクロニクル』河出書房新社、一九八五年、一一―一二頁。
（39）西川長夫『パリ五月革命私論：転換点としての68年』平凡社、三八二頁。
（40）キャロル・グラックは、精神病理学の理論を援用するのではなく、公的な記憶、ヴァナキュラーな記憶、個人の記憶、メタ記憶といった四つの記憶領域を分類して論じる。グラック・キャロル著、梅崎透訳『歴史で考える』（岩波書店、二〇〇七年、三五六―三六三頁）を参照。
（41）初出：道浦母都子『無援の抒情』雁書館、一九八〇年。引用：道浦母都子『同時代ライブラリー6　無援の抒情』岩波書店、一九九〇年、五、四七、八八頁。
（42）道浦母都子『同時代ライブラリー6　無援の抒情』岩波書店、一九九〇年、二〇九頁。
（43）桐山襲『風のクロニクル』河出書房新社、一九八五年、一三五頁。
（44）桐山襲『風のクロニクル』河出書房新社、一九八五年、三頁。
（45）西川長夫「1968年5月―消えない言葉」『立命館言語文化研究』特集　比較文化研究　九巻四号　一

九九八年二月、一二八頁。

(46)『風のクロニクル』は、政治的言語を回避して両義性や重層性を重視する八〇年代の消費社会の文化（ニューアカデミズムなど）と共通するところがある。しかし、消費されやすいものとしてではなく、八〇年代の文化や知識体系に規定されつつも、吸収されずに抵抗を示している作品である。

(47)桐山襲、富岡幸一郎「桐山襲と「都市叙景断章」（インタビュー文芸時評―小説の読み方作り方）」『すばる』一九八九年八月号、一八五頁。

(48)仲里効著、大城弘明写真の「フィールドから Photo Essay 沖縄をめぐる一九六八年前後の社会運動とその後」（『ワセダレビュー　東アジアから1968年をみつめなおす：特集：沖縄から問い直すアジアのデモクラシー』二〇一五年二月号）を参照。

(49)高井有一、佐伯彰一「対談時評―木崎さと子「青桐」、桐山襲「風のクロニクル」」『文学界』一九八四年一二月号。

(50)西川長夫「1968年5月―消えない言葉」『立命館言語文化研究』特集　比較文化研究　九巻四号　一九九八年二月、一二八頁。

編者・執筆者紹介（執筆順）

坪井秀人（つぼい・ひでと） 編者、序言
国際日本文化研究センター教授。日本近代文学・文化史。『声の祝祭―日本近代詩と戦争』名古屋大学出版会、一九九七年。『感覚の近代―声・身体・表象』名古屋大学出版会、二〇〇六年。『性が語る―二〇世紀日本文学の性と身体』名古屋大学出版会、二〇一二年。

島村　輝（しまむら・てる） 第1章
フェリス女学院大学文学部教授。日本近現代文学、藝術表象論。『臨界の近代日本文学』世織書房、一九九九年。林京子『被爆を生きて―作品と生涯を語る』（聞き手）、岩波ブックレット、二〇一一年。『《変態》二十面相』（共著）六花出版、二〇一六年。

鈴木勝雄（すずき・かつお） 第2章
東京国立近代美術館主任研究員。近代美術史。「集団の夢――五十年代を貫く歴史的パトス」鈴木勝雄・桝田倫広・大谷省吾編『実験場１９５０ｓ』東京国立美術館、二〇一二年。「コメモレイションの行方――戦争の記憶と美術館」成田龍一・吉田裕編『岩波講座アジア・太平洋戦争　戦後篇（記憶と認識の中のアジア・太平洋戦争）』岩波書店、二〇一五年。

川口隆行（かわぐち・たかゆき） 第3章
広島大学大学院教育学研究科准教授。日本近現代文学・文化史。『台湾・韓国・沖縄で日本語は何をしたのか――言語支配のもたらすもの』（共編著）三元社、二〇〇七年。『原爆文学という問題領域』創言社、二〇〇八年（増補版二〇一一年）。『「サークルの時代」を読む――戦後文化運動研究への招待』（共編著）影書房、二〇一六年。『〈原爆〉を読む文化事典』（編著）青弓社、二〇一七年。

鷲谷　花（わしたに・はな） 第4章
大阪国際児童文学館特別専門員。映画学・日本映像文化史。『淡島千景　女優というプリズム』（共編著）青弓社、二〇〇九年。「満洲から筑豊へ―幻灯『せんぷりせんじが笑った！』をめぐる「工作者」たちのゆきかい」『映像学』九六号、二〇一六年。

橋本あゆみ（はしもと・あゆみ） 第5章
早稲田大学大学院文学研究科研究生。近代日本の戦争文学。「「別の長い物語り」のための覚書―『精神の氷点』から『神聖喜劇』まで―」『大西巨人　抒情と革命』河出書房新社、二〇一四年。「軍隊を描く／法をとらえる―大西巨人『神聖喜劇』・野間宏『真空地帯』比較―」『昭和文学研究』六九集、二〇一四年。「『神聖喜劇』における大前田軍曹像―大西巨人旧蔵書調査の成果を踏まえて―」『国文学研究』一七八集、二〇一六年。

張　政傑（ちょう・せいけつ）　第6章
名古屋大学大学院文学研究科博士後期課程。日本近現代文学と戦後の学生運動。「1968の可能性――村上龍『69（sixty nine）』におけるロックとフェスティバル」『JunCture』六号、二〇一五年。「日本1968の記憶をめぐる思考――忘却と想起の闘争」『日本語文學　日本学』七三輯（韓国：日本語文學會）、二〇一六年。

戦後日本を読みかえる　第2巻
運動の時代
二〇一八年七月三一日　初版発行
編　者　坪　井　秀　人
発行者　片　岡　　敦
印刷
製本　亜細亜印刷株式会社
606-8204　京都市左京区田中下柳町八番地
発行所　株式会社　臨　川　書　店
電話　(〇七五)七二一―七一一一
郵便振替　〇一〇七〇―二―八〇〇
落丁本・乱丁本はお取替えいたします
定価はカバーに表示してあります
ISBN 978-4-653-04392-8　C0336
〔ISBN 978-4-653-04390-4　C0336　セット〕